Udo Vach

Niemand ist außer Reichweite
Gott will alle

Udo Vach

Niemand ist außer Reichweite

Gott will alle

Die Deutsche Bibliothek – CIP-Einheitsaufnahme

Udo Vach:
Niemand ist außer Reichweite

© 2001 ERF-Verlag, Wetzlar
2. Auflage 2001
Umschlaggestaltung: Gerd Fries
Satz: Reproservice Jung, Wetzlar
Herstellung: Hainich-Druck
ISBN 3-89562-526-4

Inhalt

Vorwort

Sie haben sich eingelassen. Auf dieses Buch und auf die Frage nach dem Glauben. Gibt es Gott wirklich? Und was hat er, wenn es ihn denn gibt, mit meiner Alltagswirklichkeit zu tun?

Dieses Buch lässt sich ein. Auf Sie und Ihre Fragen, Vorbehalte, Zweifel. Es versucht Antworten. Es erzählt von Gott und davon, was Menschen mit ihm erlebt haben. Es nacherzählt Berichte aus dem meistverkauften Buch der Welt, der Bibel. Und es schlägt die Brücke zu unseren Erfahrungen, unseren Sorgen, Enttäuschungen, Hoffnungen.

Udo Vach ist Pastor. Doch er kommt hier ohne Kanzel, ohne Talar. Er setzt sich zu Ihnen an den Tisch und sagt, was ihn selber überzeugt, was ihm Halt gegeben hat. Der Gott, von dem er spricht, ist *sein* Gott. Nicht einer, den er nur vom Hörensagen kennt, sondern vielmehr einer, der ihn durch die Höhen und Tiefen des Lebens begleitet. Kein Sonntags-Gott allein. Ein Alltags-Gott!

Die Beiträge dieses Buches sind im Programm des Evangeliums-Rundfunks gelaufen. Da arbeitet Udo Vach als Programmdirektor. Vielleicht lesen sie sich deshalb so persönlich. Denn Radiosendungen sind selten Predigten, sie sind Gespräche.

Sie haben sich eingelassen. Ein guter Anfang, finde ich.

Jürgen Werth
Direktor des Evangeliums-Rundfunks

Gott – ich habe meine Zweifel

Vielleicht kennen Sie den Witz: Ein ortsbekannter Zweifler kniet in der Kirchenbank. Der Nachbar spricht ihn an: „Ich denke, du glaubst nicht an Gott?" „Freilich nicht", antwortet der andere, „aber weiß ich, ob ich Recht habe?"

Da der Mensch ein denkendes Wesen ist, ein über sich nachdenkendes Wesen, kommt er, wenn er denkt, häufig nicht am Zweifel vorbei. Auch nicht vorbei am Zweifel an Gott. Über diesen Zweifel lade ich Sie jetzt ein, mit mir nachzudenken.

Von Gott kann man meines Erachtens nicht reden, ohne zugleich von Jesus zu reden. Warum? Jesus ist von Gott gekommen, um uns Menschen zu Gott einzuladen, zu ihm zurückzurufen. Nun tun sich aber nicht wenige Zeitgenossen mit dem Hören auf diesen Ruf sehr schwer. Angeblich spricht vieles gegen eine Rückkehr des Menschen zu Gott. Diesen Problemkreis in einigen Punkten aufgreifend, stelle ich die Behauptung voran: Gott hat die Zweifler lieb. Diese Liebe Gottes zu den Zweiflern lässt sich gut aus einer Begebenheit heraushören, von der einer der ersten Jünger Jesu, Johannes, berichtet, und zwar im 1. Kapitel des von ihm verfassten Evangeliums, in den Versen 43 bis 50:

„Am nächsten Tag wollte Jesus nach Galiläa gehen und findet Philippus und spricht zu ihm: Folge mir nach! Philippus aber war aus Betsaida, der Stadt des Andreas und Petrus. Philippus findet Nathanael und spricht zu ihm: Wir haben den gefunden, von

dem Mose im Gesetz und die Propheten geschrieben haben, Jesus, Josefs Sohn, aus Nazareth. Und Nathanael spricht zu ihm: Was kann aus Nazareth Gutes kommen! Philippus spricht zu ihm: Komm und sieh es! Jesus sah Nathanael kommen und sagt von ihm: Siehe, ein rechter Israelit, in dem kein Falsch ist. Nathanael spricht zu ihm: Woher kennst du mich? Jesus antwortete und sprach zu ihm: Bevor Philippus dich rief, als du unter dem Feigenbaum warst, sah ich dich. Nathanael antwortete ihm: Rabbi, du bist Gottes Sohn, du bist der König von Israel! Jesus antwortete und sprach zu ihm: Du glaubst, weil ich dir gesagt habe, daß ich dich gesehen habe unter dem Feigenbaum. Du wirst noch Größeres als das sehen."

Der Bericht des Johannes sagt zum einen, wie es zum Zweifel an Gott kommen kann, und zum anderen, wie es zum Glauben an Gott kommen kann.

Ich komme zuerst auf den Zweifel zu sprechen: Kaum hat dieser Philippus den Mann Jesus aus Nazareth kennengelernt, da macht er sich auch schon auf den Weg, um anderen Menschen von dieser neuen Erfahrung zu erzählen. Aus dem Grund lädt er Nathanael zu einer Begegnung mit Jesus ein. Doch dabei macht der Philippus einen unvorhersehbaren „Fehler". Er sagt Nathanael die Wahrheit. Er sagt ihm: „Dieser Jesus kommt aus Nazareth." Daraufhin schaltet Nathanael sofort ab. Warum eigentlich?

Nazareth war zwar nicht gerade das verlassenste Nest in Galiläa, aber dieser Ort spielte in den Voraussagen der jüdischen Propheten, die den Erlöser Gottes ankündigten, überhaupt keine Rolle. Von Nazareth ist im Alten Testament nirgendwo die Rede. Der Bibelkenner Nathanael musste also sogleich denken:

„Der von Gott verheißene Erlöser kann niemals aus einem theologisch gesehen so unbedeutenden Ort wie Nazareth kommen." Der Hinweis auf Nazareth mag in seinen Ohren so geklungen haben, wie wenn ich Ihnen jetzt sagen würde: „Die politische Zukunft der Welt hängt davon ab, wie sich Luxemburg zu den Vereinigten Staaten verhält."

Mit der Haupt- und Tempelstadt Jerusalem wäre Nathanael sicherlich einverstanden gewesen. Aber „was soll aus Nazareth schon Gutes kommen?" Bei Nathanael führte demnach seine gute Bibelkenntnis zum Zweifel an der Offenbarung Gottes in Jesus von Nazareth.

Vorurteile dieser Art sind wohl heute selten geworden. Mit der Bibelkenntnis ist es nicht mehr so weit her. Heute dienen andere Zweifel dazu, die göttliche Offenbarung in Frage zu stellen.

Einige zweifelnde Grundhaltungen mancher Zeitgenossen will ich durch typische Bemerkungen skizzieren. Die einen sagen: „Ich glaube nur, was ich sehe."

Es wird erzählt: 1961 nach der ersten bemannten Weltraumfahrt gab es ein Bankett im Kreml. Der russische Ministerpräsident Chruschtschow zog den Kosmonauten Gagarin beiseite. „Hast du, ich meine ihn da oben, hast du ihn gesehen?" Der Kosmonaut nickte. „Habe ich es mir doch gedacht", seufzte der Kremlchef. „Niemanden was sagen, verstanden?" Kurz darauf griff sich der orthodoxe Metropolit den Erdumkreiser. „Hast du… Ich meine, als du da draußen im Weltraum warst, hast du ihn gesehen?" Gagarin schüttelte den Kopf. „Habe ich es mir doch gedacht", stöhnte der bärtige Geistliche. „Niemanden was sagen, verstanden?" Beide hätten sich die Frage sparen können. Sie basiert auf der Einstellung: „Ich glaube nur, was ich sehe."

Die anderen denken: „In der Bibel stehen zwar etliche Grundwahrheiten über das menschliche Leben, ansonsten aber beinhaltet sie alte religiöse Vorstellungen." Wieder andere weisen auf das Elend in der Welt hin und können sich einen Gott der Liebe nicht mehr vorstellen. Nicht wenige akzeptieren Jesus als hervorragenden, vorbildhaft lebenden Menschen, der leider zu früh für seine gute Idee der Feindesliebe sterben musste.

Und sollte einer wirklich einmal durch irgendeine umwerfende Lebenserfahrung neu nach Gott fragen, dann stört er sich womöglich an den Christen, die nicht im Sinne ihres Christus leben. Und er tönt mit in das Horn des Philosophen Friedrich Nietzsche, der gesagt hat: „Die Erlösten müssten erlöster aussehen, sollte ich an ihren Erlöser glauben."

Wenn mir als Christ solche Stimmen gegen Gott vorgetragen werden, sehne ich mich zunächst nach einem Machtbeweis Gottes oder bin versucht, Beweise für Gott aufzuzählen. Mich persönlich bewahrt vor dieser Sehnsucht nach einem göttlichen Gewaltakt oder einem argumentativen Wahlkampf für Gott seit Jahren ein Wort des Theologen Paul Tillich. Er hat gesagt: „Wer Gott beweisen will, leugnet ihn; Gott beweist sich selbst." Ich füge hinzu: Einen Gott, den ich beweisen kann, den habe ich im Griff. Solch einen Gott brauche ich nicht mehr. Außerdem ist mir klar, dass ich die Existenz Gottes keinem Menschen nach bestimmten mathematischen oder biologischen Formeln beweisen kann.

Wieviele Vorstellungen wir Menschen uns auch von Gott machen mögen, entscheidend ist nicht, wie wir uns Gott vorstellen, sondern wer er wirklich ist. Mal ganz abgesehen davon, dass ein neutraler Beobachter in dieser Welt Vorgänge feststellen kann, die jeglichem wissenschaftlichen Denken einen Strich durch die Rechnung machen, auch davon abgesehen, dass die meisten Erdenbürger jeden Tag mehr glauben, als sie erklären und nachprüfen können.

Wissen Sie, ob Sie zum Beispiel in der Apotheke das richtige Medikament verabreicht bekommen? Überprüfen Sie, bevor Sie mit der Eisenbahn fahren, ob der Lokführer fahrtüchtig ist? Oder haben Sie zum Beispiel bei den Bildern von der Landung der Menschen auf dem Mond an deren Echtheit gezweifelt? Doch ganz sicher nicht, obwohl Sie in jedem der drei angesprochenen Fälle mehr glauben als Sie feststellen konnten bzw. feststellen wollten. Es ist vermessen zu meinen: „Nur was ich sehe oder verstehe, existiert. Alles andere gibt es nicht."

Gewiss, man kann Gott nicht sehen. Er müsste sonst so klein oder so groß sein wie wir selbst. Aber man kann die Auswirkungen einer Beziehung mit Gott im Leben einzelner Menschen aufzeigen.

Sicherlich gibt es Bibelstellen, die man auf den ersten Blick nur sehr schwer in Übereinstimmung miteinander bringen kann. Mal ganz abgesehen davon, dass die Bibel sich bei intensiver Beschäftigung mit ihr für einen zunehmend erhellt. Jesus sagt: „Wer sucht, der findet." Das gilt auch für das Lesen in der Bibel. Und es gibt Aussagen in der Heiligen Schrift, die wir Christen in dieser Zeit nicht oder noch nicht erklären können. Mal ganz abgesehen davon, dass der Gott vertrauende Mensch auch heute noch Wunder erlebt.

Nicht unausgesprochen bleiben darf, dass es unzähliges Leid in dieser Welt gibt, angesichts dessen auch Christen nur noch fragen können: „Mein Gott, warum?" Mal abgesehen davon, dass viel Leid auf dieser Erde auf unsere eigene Rechnung geht. Ein Beispiel für viele: Zur Beseitigung der Hungersnot auf unserem Planeten würde rein finanziell gesehen der Betrag ausreichen, den die Staaten der Erde für ihre Waffenrüstungen ausgeben.

Dass Jesus lebt – und jetzt durch seinen Geist gegenwärtig ist –, ist auch nicht wissenschaftlich nachweisbar. Doch es gibt Menschen, die mit einer solchen Ausgeglichenheit ihre Probleme bis hin zum Todeskampf bewältigen, dass ein Beobachter sich fragen kann, woher die denn noch ihre Kraft und Freude zum Leben nehmen, wenn nicht von Jesus, wie sie sagen. Dass nicht alle, die sich Christen nennen, auch nach den Geboten Gottes leben, müssen wir nicht diskutieren. Mal ganz abgesehen davon, dass sich die meisten Kritiker Gottes nur auf sein schlechtes Bodenpersonal konzentrieren, anstatt auf die Nachfolger Jesu zu sehen, die versuchen, so treu wie möglich ihrem Herrn zu folgen. Und nicht zuletzt sei gesagt, dass auch die, die beim ERF die Sendungen gestalten, angefangen beim Verkündiger über den moderierenden Redakteur bis hin zum Techniker, alle keine Engel sind. Das dürfte Ihnen nicht schwerfallen zu glauben.

Und auch das muss noch gesagt werden, dass Christen keine besseren Menschen sind als andere, sondern nur besser dran, weil sie als Nachfolger Jesu nicht allein sind auf diesem Weg durch die Welt zu Gott.

Aber nun muss ich auch noch betonen, dass durch diese genannten Zweifel die Botschaft Gottes in ihrem Kern nicht im geringsten erschüttert wird. Der Kern der guten Nachricht ist der Ruf Jesu zum Glauben an Gott. Unmissverständlich wird jeder Mensch von Jesus zum Glauben an Gott aufgerufen. Freundlich, aber dringlich werden wir gebeten, diesem Ruf Folge zu leisten, weil wir sonst an dem für uns von Gott erdachten Leben vorbeigehen. Weil wir sonst unser Lebensziel verfehlen, die ewige Gemeinschaft mit Gott.

Darum bitte ich Sie nun folgendes zu bedenken: Wo sich der Zweifel an Gott an Vorurteilen festklammert oder in bestimmten Vorstellungen verharrt, führt das im Leben nicht weiter. Ein ein für allemal festgeschriebener Zweifel ist meistens ein toter Zweifel.

Dies wurde auch dem Philippus im Gespräch mit Nathanael klar: „Ich muss Nathanael gar nicht beweisen, dass Nazareth ein theologisch gesehen bedeutsamer Ort ist. Nazareth ist letztlich völlig unwichtig. Wichtig ist nur, dass Jesus gekommen ist. Darum muss ich Nathanael zeigen, wie auch er zu Jesus kommen kann." Martin Luther King hat gesagt: „Wir finden Gott nur in Jesus Christus. Er ist die Sprache der Ewigkeit in zeitliche Worte gefasst."

Deswegen lautet die zweite Frage: Wie komme ich zum Glauben an Gott? Oder anders gefragt: Wie lerne ich Jesus kennen?

Nun ist nicht jeder Mensch ein Nathanael. Es gibt verschiedene Möglichkeiten, Jesus kennenzulernen. Manch einer nimmt die Beziehung zu Gott auf, ohne vorher irgendwelche Zweifel zu haben. Vielleicht kennen Sie das aus eigener Erfahrung. Meine Antwort von der Bibel her gilt jetzt Ihnen, wenn Sie Zweifel haben.

Nathanael war ein ehrlicher Zweifler. Es gibt ja Zweifler, die servieren einem ihre Zweifel wie bei einem französischen Essen in mehreren Gängen. Und wenn sie dann ihr intellektuelles Pulver verschossen haben, brechen sie die Diskussion ab. Und man merkt, es ging ihnen gar nicht wirklich darum, Jesus kennen zu lernen. Nathanael dagegen war ein ehrlicher Zweifler. Und dem ehrlichen Zweifler gegenüber gibt es eigentlich nur die eine Antwort, die Philippus gegeben hat: „Komm mit und sieh!"

Was heißt das? Für Nathanael hieß das, dass er

trotz seiner Zweifel – und das zeigt seine Ehrlichkeit! – mit Philippus zu Jesus ging. Wenn ein Zweifler zu Jesus kommt, erfährt er, dass Jesus über ihn Bescheid weiß. Jesus weiß tatsächlich um unsere Vorurteile und Zweifel, aber auch um unser Versagen und unsere Schwierigkeiten. Dennoch will er uns nicht in unseren Schwächen entlarven, um uns zu beweisen, dass wir ihn nötig haben. Nein, Jesus erfasst uns vielmehr bei unseren guten und starken Seiten. Bei dem, was wir wirklich sind. Deshalb sagt er Nathanael sofort, dass er ihn als aufrichtigen Menschen ansieht. Jesus belegt seine göttliche Weisheit mit den Worten: „Siehe, ein rechter Israelit, in dem kein Falsch ist."

Jesus kann über die Schuld von uns Menschen hinwegsehen, weil er sie uns im Auftrag seines himmlischen Vaters schon längst am Kreuz von Golgatha durch seinen Tod vergeben hat. Die gekreuzigten Hände Jesu symbolisieren für mich die ausgebreiteten Arme der Liebe Gottes: Der Schöpfer wartet auf die Rückkehr seiner Geschöpfe.

Jesus sieht also unser Tun, unsere Beweggründe und die uns bestimmenden Gedanken. Jesus kennt uns Menschen, bevor wir zu ihm kommen. Zweifler sind von Jesus durchschaut, bevor sie ihn zur Kenntnis genommen haben. Nur darum kann doch Jesus zu Nathanael sagen: „Ehe denn dich Philippus rief, da du unter dem Feigenbaum warst, sah ich dich." Jesus sagt Nathanael mit anderen Worten: „Ich bin nicht an die Dimensionen von Ort und Zeit gebunden. Ich wusste schon vorher, wo du warst."

Nathanael fühlt sich durch und durch erkannt. Denn wenn Jesus ihn dort unter dem Feigenbaum hat sitzen sehen, dann muss er auch wissen, was sonst noch alles in seinem Leben gelaufen ist. Nathanael wird durch diese Feststellung Jesu überwunden. Nathanael ist so überwältigt, dass er nur noch ausrufen kann: „Mein Herr, du bist wirklich Gottes Sohn. Du bist der König von Israel."

Damit erkennt dieser schriftkundige Jude Jesus als den Gesandten Gottes an, von dem schon Jahrhunderte vorher im Alten Testament die Rede ist.

Aus dieser Begegnung können wir lernen: In jedem Zweifel, auch in dem Ihren, ist diese Möglichkeit enthalten, dass er das gottgewollte Ziel findet. Gott kann – so denke ich jedenfalls – Ihren Zweifel benutzen, damit Sie Jesus richtig kennenlernen und somit auf den Weg zu Gott selbst kommen. Solchen echten Zweifel wünsche ich allen Menschen, die noch keine wirkliche Verbindung zu Gott haben. Bei Nathanael war die Veränderung vom Zweifel zum Glauben jedenfalls von Dauer. Man sollte deshalb niemals sagen, der Zweifel sei des Glaubens Feind. Der ehrliche Zweifel ist nur eine radikale Form des Fragens. Und radikal heißt ja: an die Wurzel gehend. Im Gegensatz zur Schaumschlägerei, die nur so tut, als ginge sie den Dingen auf den Grund, ist jeder ernste Zweifel als ein Zeichen der Redlichkeit zu bejahen.

Bei der letzten gemeinsamen Mahlzeit, die Jesus vor seiner Himmelfahrt mit seinen Jüngern hatte, nahm auch Nathanael teil. Er wird ausdrücklich erwähnt. Das war doch nur möglich, weil Gott auch die Zweifler lieb hat. Er erbarmt sich über sie. Er geht ihnen besonders nach. Er kommt ihnen sogar entgegen. Das alles hat Jesus von Nazareth für Gott sichtbar gemacht. Gott erlaubt uns den Zweifel. Er freut sich sogar, wenn wir mit unseren Zweifeln offen herausrücken und nicht so tun, als seien wir über jeden Zweifel erhaben. Auf jeden Fall verheißt Jesus Nathanael nach diesem ersten Glaubensschritt noch größere Erfahrungen.

Wer sich auf Jesus einlässt, wird entdecken, dass er mit einem geht auf dem Weg in die neue Welt Gottes. Wäre Nathanael in seinem Zweifel geblieben, wäre er nicht mitgegangen, dann hätte er Jesus nicht kennengelernt. Ohne diesen Schritt geht es nicht. Und es muss ein ganz ehrlicher Schritt sein.

Nun denken Sie jetzt vielleicht: „Gut und schön, Nathanael stand ja auch vor Jesus. Wie aber soll diese Begegnung mit Jesus und mir heute vonstatten gehen?" Weil wir Jesus tatsächlich heute nicht sehen können, weil er nicht mehr über unsere Erde geht wie damals, muss ich folgendes erklären: Es gibt Wirklichkeiten, deren Sinn wir nicht erfahren, wenn wir uns nicht darauf einlassen. Solch eine Wirklichkeit ist zum Beispiel die Liebe zwischen zwei Menschen. Wenn ein junger Mann seiner Freundin sagt, dass er sie liebt, dann kann sie doch nur dann erfahren, ob er das wirklich ernst meint, wenn sie bereit ist, mit ihm die Ehe einzugehen.

Und so ähnlich verhält es sich mit der Wirklichkeit Gottes, die durch Jesus in diese Welt gekommen ist. Wer die Kraft Gottes erfahren will, der muss auf Jesus vertrauen. Das heißt: Er muss nach Jesu Worten versuchen, ein anderes Leben zu beginnen. Denn der christliche Glaube ist ja kein Tun, das im Sitzen aufgewickelt werden kann. Glauben muss riskiert werden. Jesus hat einmal die Frage nach seiner Person so beantwortet: „Wer meine Worte hört und tut sie, der wird merken, ob meine Lehre von Gott sei" (Johannes 7,16–17). Anders gesagt: Wer die Wahrheit kennenlernen will, darf sich also nicht auf das Nachdenken beschränken. Er muss etwas tun, wenn er Gewissheit haben will. Wer den richtigen Weg finden will, muss sich auf das Abenteuer einlassen und die Worte Jesu prüfen, wie man eine Brücke auf ihre

Tragfähigkeit prüft. Nur so kann er herausfinden, ob er es bei Jesus mit der Wahrheit zu tun hat oder mit einer Illusion. Nur im Erleben gewinnen wir diese Erkenntnis.

Ich muss mich also auf Jesus einlassen. Wenn ich das tue, das ist jedenfalls meine Erfahrung, dann stelle ich fest, dass das Leben tatsächlich eine andere Qualität bekommt, eine vorher nicht gekannte Qualität. Zum Beispiel schenkt Jesus mir Vergebung meiner Schuld. Seine Worte geben mir Orientierung für meine Lebensgestaltung. Ja, ich mache immer mehr die Erfahrung: Diesem Herrn kann ich vertrauen. Von diesem Herrn kann ich mich getrost durchs Leben führen lassen. Denn er lässt mich nicht im Stich. Ich habe es jedenfalls noch nicht bereut, dass ich diese Einladung Jesu zu Gott mit Ja beantwortet habe. Die gleiche Antwort auf diesen Ruf Jesu kann ich Ihnen nur empfehlen. Machen Sie es bitte nicht so, wie es in einem Lied heißt: „Du gleichst den kleinen Kindern, hältst die Hände vors Gesicht und versuchst dir einzureden: Was man nicht sieht, das gibt es nicht."

Nehmen Sie, wenn nötig, die Hände vom Gesicht. Und wagen Sie es, sich auf Jesus einzulassen. Fangen Sie an, zu ihm zu beten und nach seinen Worten zu leben. Ich gehe davon aus, dass Sie dann aus Ihrem Zweifel herauskommen und erfahren, wie sehr Gott Sie mag, Sie lieb hat. Das wünsche ich Ihnen.

Gott – ich kann nicht glauben

Ich freue mich, dass Sie es gewagt haben, heute dieses Büchlein zu lesen. Wahrscheinlich denken Sie jetzt: „Was hat denn das mit einem Wagnis zu tun?" Sie haben Recht. In einem freien Land gehört nichts dazu, ein christliches Buch zu lesen. Außerdem, können Sie ja nichts verlieren, höchstens Ihre Zeit, falls Sie nachher der Meinung sind: „Diese Zeit hätte ich sinnvoller verbringen können." Hinsichtlich Ihres Lesens von einem persönlichen Wagnis zu reden ist also falsch – oder etwa doch nicht?

Sicher hängt die Beantwortung dieser Frage auch mit dem zusammen, was Sie für ein Wagnis halten. Denn wo der eine sagt: „Da habe ich etwas in die Waagschale geworfen", sagt der andere vielleicht: „Das habe ich mit links gemacht". Vielleicht fragen Sie sich überhaupt: „Zu welchem Menschentyp gehöre ich denn eigentlich? Zu denen, die viel wagen, zu denen, die nur hin und wieder etwas wagen, oder zu denen, die in Wirklichkeit noch nie etwas gewagt haben?"

Ordnen Sie sich bitte nicht zu schnell in eine der drei Gruppen ein. Denn Sie wagen mehr als Sie denken. Sie wagen es zum Beispiel, mit dem Auto zu fahren, obwohl Sie wissen, dass jeden Tag auf den Straßen Menschen durch Autounfälle sterben. So könnte ich jetzt fortfahren, um all unsere Wagnisse zu beschreiben. Dazu gehören zweifelsohne flüchtige und oberflächliche Wagnisse, die wir viel zu selbstverständlich hinnehmen und deshalb schon längst wieder vergessen haben. Dazu gehören Wagnisse, die unser Leben entscheidend geprägt haben, zum Beispiel das Eingehen einer Ehe oder die Berufswahl. Darunter sind aber sicher auch Wagnisse mit enttäuschendem Ausgang, an die wir nicht gern zurückdenken, und wir sind froh, wenn wir sie vergessen können. Und es gibt auch positive Erlebnisse, die für unser Leben entscheidend wurden, wo uns letztlich wider Erwarten und Berechnen eine Sache doch noch gelang.

Ich kenne einen älteren Mann, der es gewagt hat, im Vertrauen auf Gottes Hilfe vom Alkohol loszukommen, nachdem er bereits wirklich buchstäblich Haus und Hof vertrunken hatte und von seiner Familie vor die Tür gesetzt worden war. Er ist frei vom Alkohol geworden. Diese Erfahrung erzählt dieser Mann immer wieder, weil es für ihn eine der größten Erfahrungen seines Lebens ist.

Wenn wir die Wagnisse, durch die sich unser Leben zum Guten verändert hat, weitererzählen, halten fremde Menschen das manchmal kaum für möglich. Doch die Menschen, die uns gut kennen, glauben es uns – auch dann, wenn sie gar nicht dabeigewesen sind. Warum? Weil sie Vertrauen zu uns haben. Und vielleicht sind unsere Freunde gerade deshalb nicht misstrauisch, weil wir ihnen auch schon einmal erzählt haben, wie wir gescheitert sind. So eine Geschichte – wie einer etwas wagt und dann doch scheitert, erzählt der Evangelist Matthäus im 14. Kapitel in den Versen 22 bis 33:

„Und alsbald trieb Jesus seine Jünger, in das Boot zu steigen und vor ihm hinüberzufahren, bis er das Volk gehen ließe. Und als er das Volk hatte gehen lassen, stieg er allein auf einen Berg, um zu beten. Und am Abend war er dort allein. Und das Boot war schon weit vom Land entfernt und kam in Not

durch die Wellen; denn der Wind stand ihm entge-
gen. Aber in der vierten Nachtwache kam Jesus zu
ihnen und ging auf dem See.
Und als ihn die Jünger sahen auf dem See gehen,
erschraken sie und riefen: Es ist ein Gespenst! und
schrien vor Furcht. Aber sogleich redete Jesus mit
ihnen und sprach: Seid getrost, ich bin's; fürchtet
euch nicht! Petrus aber antwortete ihm und sprach:
Herr, bist du es, so befiehl mir, zu dir zu kommen
auf dem Wasser. Und er sprach: Komm her! Und
Petrus stieg aus dem Boot und ging auf dem Wasser
und kam auf Jesus zu. Als er aber den starken Wind
sah, erschrak er und begann zu sinken und schrie:
Herr, hilf mir! Jesus aber streckte sogleich die Hand
aus und ergriff ihn und sprach zu ihm: Du Klein-
gläubiger, warum hast du gezweifelt? Und sie tra-
ten in das Boot, und der Wind legte sich. Die aber
im Boot waren, fielen vor ihm nieder und sprachen:
Du bist wahrhaftig Gottes Sohn!"

Matthäus unternimmt nicht den Versuch, das Versagen
des Petrus zu verschweigen. Nein, Petrus wird uns
offen geschildert als einer, der einen Schritt wagt, vielleicht zwei drei Schritte und der dann sinkt, der dann
doch scheitert. Kennen Sie das auch im übertragenen
Sinn?

In dieser Geschichte geht es ja im tiefsten Grund
um die Frage: Woran halte ich mich fest?

Nun ist es das gemeinsame Schicksal aller Menschen, um es in einem Bild zu sagen, dass wir in einem breiten Strom schwimmen und, wenn wir nicht
aufpassen, abgetrieben werden. Das ist der Strom der
Vergänglichkeit. Da krallt sich einer am andern fest
und denkt: „Jetzt hab ich etwas, woran ich mich halten
kann." Aber der andere hat ja auch keinen festen Bo-

den unter den Füßen. Andere finden das Brettchen einer Privatreligion oder ein günstiges Horoskop, vielleicht zusätzlich garniert mit Versicherungen, einem gesunden Lebensstil oder Wohlstand. Manche fühlen sich ganz sicher. Sie haben nämlich einen ganz dicken Balken erwischt: eine gewichtige Weltanschauung. Daran können sich hundert oder auch tausend Leute festhalten. Das beeindruckt die Leute sehr. Und sie merken gar nicht, dass dieser große Balken auch nur mitgetrieben wird im Strom der Vergänglichkeit. Das ist das ewig alte Spiel: Neue Balken tauchen auf, rot, schwarz, braun, gelb, grün, manche verlockend groß, manche hochmodern. Mittlerweile sind sogar asiatische Balken in Form diverser Praktiken und Religionen zu uns herübergeschwemmt worden. Und manche Psychologen erinnern uns an die Balken in uns selbst: unsere eigene Stärke oder unser positives Denken. Und Menschen krallen sich daran – und haben doch keinen festen Halt.

Wenn einer festen Halt gibt, dann muss er logischerweise außerhalb des Stromes verankert sein. Ich sage es mit einem biblischen Ausdruck: Er müsste in der Ewigkeit verwurzelt sein. Nur dann könnte er uns festen Halt geben. Matthias Claudius hat gesagt: „Etwas Festes muss der Mensch haben, daran er zu Anker liege, etwas, das nicht von ihm abhange, sondern davon er abhängt."

Wie war es nun damals?

Die Jünger von Jesus sind mit ihrem Boot unterwegs und wollen ans andere Ufer. Dabei werden sie plötzlich bedroht vom Wind und demzufolge von den Wellen. Und auf einmal: Jesus ist auf dem Wasser und unterwegs zu ihnen. Sie erkennen ihn erst, als er zu ihnen spricht: „Habt keine Angst. Ich bin's, fürchtet euch nicht!" Petrus wird in jenem Augenblick wohl an all das gedacht haben, was er mit Jesus schon früher erlebt hat. Und er hat ja nicht wenig mit Jesus erlebt. Petrus hat erfahren, wie Jesus ihn teilhaben lässt an seiner Kraft und Liebe, dass Jesus Macht hat über Sünde, Krankheit und Tod, wie Jesus ihm eine Perspektive für die Zukunft schenkt. Ist es insofern verwunderlich, dass Petrus denkt: „Wenn mein Herr – Jesus – über das Wasser gehen kann, dann kann ich das auch, wenn er mir den Befehl dazu gibt"?- Jesus bejaht das etwas ausgefallene Experiment seines Jüngers und hat vielleicht seine Freude daran, dass da jemand einmal ganz ohne großes Nachdenken seinen Glauben munter ausprobiert.

Wer theologisch allzu gescheit ist, wer allzusehr darüber nachdenkt, was er beten oder glauben darf, und wer vor lauter Angst, etwas Unmögliches von Gott zu fordern, schließlich immer nur sagt: „Dein Wille geschehe", der traut Gott am Ende gar nichts mehr zu und seine theologischen Bedenken sind in Wirklichkeit nur Kleinglauben. Da ist der forsche und zum Risiko entschlossene, ja auch zum Reinfall bereite Petrus seinem Herrn Jesus Christus schon lieber. Es ist also keine Mutprobe im üblichen Sinn, wenn Petrus jetzt auf dem Wasser gehen will. Er springt ja auch nicht einfach über Bord. Er wartet erst auf Jesu Worte und sagt: „Wenn du es bist, Herr, dann gib mir den Befehl, über das Wasser zu dir zu kommen." Petrus rechnet ganz fest damit, dass dann, wenn Jesus ruft, Dinge und Taten möglich sind, die bisher für ihn nicht möglich waren!

Dann allerdings wagt Petrus den Schritt aus dem Boot heraus, tritt auf das Wasser und – schreitet tatsächlich auf Jesus zu und – das Wasser trägt ihn wirklich! Er sinkt nicht. Warum?

Natürlich ist dieser Schritt des Petrus zu Jesus ein

Wagnis. So ist auch heute noch jeder Schritt eines Menschen zu Jesus ein Wagnis. Wer zu Jesus geht, das heißt, wer zu ihm betet oder sich auf sein Wort einlässt, riskiert etwas. Doch solch ein Schritt ist auch heute noch gleichzeitig ein befreiendes, wunderbares Erlebnis. Denn wer zu solch einem Schritt bereit ist, wird sich danach nicht mehr damit abfinden, dass in seinem Leben eben immer alles beim Alten bleibt, alles seine eigene Gesetzmäßigkeit hat und behält. Wer mit dem Sohn Gottes heute rechnet, erwartet auch Veränderungen. Veränderungen bei sich selbst, bei anderen und Veränderungen in den Verhältnissen. Wer heute auf Jesus vertraut, wird mitten in seinem gewöhnlichen Alltag das Ungewohnte tun. Wie heißt es doch in einem Kinderlied: „Sei ein lebendiger Fisch und schwimme doch gegen den Strom." Wer mit der Existenz Jesu rechnet, handelt ganz bewusst gegen manche bisherigen Erfahrungen. Eine solche Lebenseinstellung, ich weiß das von mir selbst, wirkt ganz einfach befreiend.

Oder ist es nicht befreiend, wenn ich – um nur einige Beispiele zu nennen – durch meine Beziehung zu Jesus weiß

– dass ich nicht – wie es der Nobelpreisträger für Medizin Jacques Monod einmal gesagt hat – „ein heimatloser Vagabund am Rande der Milchstraße" bin, sondern Gott mich ganz persönlich kennt
– dass meine Sünde vergeben ist und ich mich nicht weiter damit abquälen muss
– dass ich hilfreich für mich und andere Menschen handeln kann, weil ich Gottes Weisungen kenne
– dass ich hinter Jesus her nicht in eine ungewisse Zukunft, sondern der „neuen Welt Gottes" entgegenlebe und nicht zuletzt
– dass ich bei meinem Tun und Lassen mit Jesu Hilfe rechnen kann?

Ein solches Leben wirkt wirklich befreiend. Und die Probleme auf unserem Planeten werden meines Erachtens in letzter Zeit immer größer. Und damit macht sich zugleich unter den Menschen immer mehr Ratlosigkeit und Verzweiflung breit. Der Schweizer Schriftsteller Max Frisch schrieb schon vor Jahren: „Die Zukunft gehört der Angst." Ein großer Teil der Angst vor der Zukunft ist begründet in den unbewältigten Problemen der Gegenwart.

Gestatten Sie mir deshalb die ganz persönliche Bitte: Prüfen Sie einmal kritisch, ob Sie nicht gerade dort, wo Sie alles so nüchtern einschätzen, oft sehr schnell den Mut verlieren. Wirklichkeitsnah sein und enttäuscht sein, das liegt manchmal sehr dicht beieinander, denn wenn wir zum Beispiel sagen: „So ist das eben im Leben", dann klingt doch meistens auch der andere Satz mit: „So bleibt das auch in meinem Leben; daran lässt sich ja doch nichts ändern." Und dann erwartet man für sich und diese Erde nichts mehr. Deshalb ist der – im Bild gesprochen – erste Schritt auf dem Wasser so befreiend. Was Petrus da auf dem Wasser mit Jesus erlebte, das konnte er im Schiff eben nicht erfahren: Er musste auf das Wasser hinaus, um diese Erfahrung zu machen.

Ich finde, genau das ist die Not vieler Menschen, und manchmal ist das auch meine Not, dass wir zwar einen Fuß auf das Wasser setzen, aber uns zugleich an der Bordwand des Schiffes krampfhaft festhalten. Dass wir womöglich sonntags in den Gottesdienst gehen, aber in der Woche vergessen, was wir dort gehört haben. Dass wir vielleicht viel von Jesus halten, uns aber im grauen Alltag doch lieber auf uns selber verlassen. Wir wollen eigentlich heraus aus unseren unbefriedigenden Gewohnheiten. Wir wollen loskommen von schlechten Bindungen. Wir möchten so gern vieles in unserem Leben anders machen. Aber wir sind nicht bereit, unser bisheriges selbstgebautes Lebensschiff zu verlassen, ganz gleich, ob die Wellen hoch oder niedrig sind. Wir trauen uns nicht, weil wir Angst haben, nasse Füße zu bekommen, Angst haben vor uns selber und Angst haben vor den anderen, was die wohl denken, wenn wir ernst machen mit diesem Jesus. Wir treffen darum keine eindeutigen Entscheidungen. Wir legen uns am liebsten nicht fest. Solange wir aber nicht ganz auf Jesus zugehen, können wir auch nicht erfahren, ob er wirklich hält, was er verspricht.

Petrus, der das Boot verlässt und mit beiden Beinen auf dem Wasser steht, ist eine echte Herausforderung an uns. Wir sind gefragt, ob wir diese Herausforderung annehmen. Hingehen zu Jesus – oder so weiterleben wie bisher. Zu mancherlei Dingen kann der Mensch gezwungen werden. Vieles mag er widerwillig tun, aber glauben kann er nur, wenn er will. Eine wichtige Entscheidung ist immer eine Sache des Mutes. Es ist aber noch unvergleichlich mehr Sache des Mutes, sich letztlich auf nichts in der Welt zu verlassen, sondern sich sozusagen durch alles hindurch auf Gott, auf Jesus einzulassen. Ich kann Kontakt mit einer Gruppe von Christen haben und muss dadurch trotzdem keinen einzigen Schritt auf Jesus Christus zugehen. Ein milieubedingter, ein einfach aus der Kindheit mitgeschleppter Glaube ist nicht der Glaube, den Jesus meint. Albert Schweitzer sagte: „Wer in einer Garage geboren wird, ist deshalb noch längst kein Auto." Ich kann ab und zu die Bibel lesen und mir schöne erbauliche Gedanken darüber machen – und muss deshalb noch längst nicht Jesus Christus wirklich begegnen wollen. Ich kann mich meinen Nachbarn gegenüber als frommer Mensch ausgeben –

und muss trotzdem nicht wirklich etwas mit Jesus Christus zu tun haben wollen.

Dazu passt folgende Geschichte: Ein Mann parkte sein Auto vor einem Supermarkt. Als er zurückkam, sah er, dass der ganze Kühler eingedrückt war, fand aber keine Spur von dem Auto, das den Schaden verursacht hatte. Er wollte die Hoffnung schon aufgeben, da bemerkte er ein unter den Scheibenwischer geklemmtes Papier. Als er es öffnete, fand er folgende Mitteilung: „Während ich diesen Zettel für Sie schreibe, beobachten mich mindestens 16 Leute. Sie glauben, ich gäbe Ihnen meinen Namen und meine Adresse. Gerade das tue ich aber nicht."

Verstehen Sie? Wie oft deckt sich bei Menschen der Augenschein nicht mit ihrer tatsächlichen Denk- und Handlungsweise. Und es gibt heutzutage auch in der Christenheit so viele fromme Lebensformen, die sich deshalb nur innerhalb des Bootes abspielen, weil sie nicht auf die wirkliche Begegnung mit Jesus hinzielen. Und innerhalb des Bootes bei den dort versammelten Jüngern herrschte ja bekanntlich die Angst: Grauen! „Ein Gespenst! Ein Mann auf dem Wasser! Das darf doch nicht wahr sein! Das hat es doch noch nie gegeben!"- Denken wir nicht auch oft so? Was ich nicht verstehe, kann keine Wirklichkeit sein. Doch zur Wirklichkeit unserer menschlichen Existenz gehört mehr. Eben auch die Wirklichkeit, dass Gott z. B. Kontakt mit uns durch die Bibel und das Gebet aufnehmen will. So kann ich seine Nähe tatsächlich beim Bibellesen verspüren und merken, wie er zu mir spricht.

Ich muss mich nur darauf einlassen. Jesus sagt: *„Bittet, so wird euch gegeben; suchet, so werdet ihr finden; klopfet an, so wird euch aufgetan. Denn wer da bittet, der empfängt; und wer da sucht, der findet; und wer da anklopft, dem wird aufgetan."* (Matthäus 7, 7–8)

Und weiter sagt Jesus: *„Darum, wer diese meine Rede hört und tut sie, der gleicht einem klugen Mann, der sein Haus auf Fels baute. Als nun ein Platzregen fiel und die Wasser kamen und die Winde wehten und stießen an das Haus, fiel es doch nicht ein; denn es war auf Fels gegründet. Und wer diese meine Rede hört und tut sie nicht, der gleicht einem törichten Mann, der sein Haus auf Sand baute. Als nun ein Platzregen fiel und die Wasser kamen und die Winde wehten und stießen an das Haus, da fiel es ein, und sein Fall war groß."* (Matthäus 7, 24–27)

Es geht also darum, das zu tun, was Jesus gesagt hat, und abzuwarten, was dabei herauskommt. Und wenn einmal ein erster Schritt geschehen ist, wird sich der Weg für weitere Schritte öffnen.

Nun gibt es aber auch Menschen, die den ersten Schritt zwar getan haben, sich aber seitdem beruhigt in den Sessel der Selbstgenügsamkeit zurücklehnen und die Hände im Schoß liegen haben. Doch die Erfahrung des Petrus lehrt: Auch wenn der erste Schritt getan ist, wird der zweite nicht selbstverständlich. Petrus geht ja nur so lange auf dem Wasser, wie er Jesus im Blick behält, und er sinkt in dem Augenblick, in dem er auf die Wellen schaut und von Jesus wegsieht.

Wir werden immer im Leben von irgendwelchen Wellen bedroht sein. Und wir Christen brauchen auch nicht zu verschweigen, dass wir dort versagen, wo wir uns nicht mehr auf Jesus verlassen, sondern mehr mit irgendwelchen Mächten rechnen oder unserer eigenen Kraft vertrauen. Petrus sinkt ja nicht ein, weil er kein Selbstvertrauen mehr hat (!), sondern weil er in diesem Moment von Jesus wegsieht auf die Wellen.

Aus dieser Geschichte können wir lernen, was glauben an Jesus heißt: auf Jesus sehen und damit rechnen, dass er stärker ist als wir selbst, stärker ist als andere Menschen und stärker als alle uns bedrohenden Mächte. Im Einzelnen sieht das so aus: Wer sich auf Jesus einlässt, erkennt, dass er nicht mehr nur auf sich selbst angewiesen ist. Wer dann im Alltag seine christliche Überzeugung mit Worten und Taten bekennen will, aber hin und wieder scheitert, der kann wie Petrus beten: „Herr, hilf mir!" Und wer mit der Schuld seines Lebens nicht fertig wird, der kann auch wie Petrus beten: „Herr, hilf mir!" Und eben: Wer heute heraus will aus seinen unbefriedigenden Lebensgewohnheiten und mit Jesus ein anderes, ein neues Leben anfangen möchte, der kann auch wie Petrus beten: „Herr, hilf mir." Wer so betet, kann dann auch die Frage Jesu ertragen: „Warum hast du gezweifelt?"

Wenn Jesus uns anspricht auf unseren mangelnden Glauben, wenn Sie heute gespürt haben, dass er Sie auf Ihren mangelnden Glauben anspricht, dann tut Jesus das ja nicht, um Sie in Ihrem Versagen bloßzustellen, sondern er will Ihr Vertrauen gewinnen. Er will Sie gewinnen für Gott, weil es aus seiner Sicht kein besseres Leben gibt.

Die Geschichte, die Matthäus berichtet, schließt ja mit dem Bekenntnis der Bootsinsassen zu Jesus: „Du bist wirklich Gottes Sohn." Wer den Schritt zu Jesus wagt, gewinnt ein unvergleichliches Leben, nicht ohne Wind und Wellen, aber an der Seite des Herrn, der uns sicher in der Hand hält – innerhalb und außerhalb des Bootes.

Gott – ich fühle mich schuldig

In einer Matrosenbar in Amsterdam sitzt ein Mann, ein Glas mit Alkohol vor sich. Es ist Jean-Baptiste Clamence, einst gefeierter Staranwalt in Paris, jetzt ein Winkeladvokat für Zuhälter, Verbrecher, Mörder, der aber nur Ratschläge geben kann, wenn er mal nüchtern ist. Wie wurde aus dem bedeutenden Juristen ein Trinker?

Es geschah folgendermaßen: Eines Nachts – er ging über eine Brücke der Seine in Paris – hörte er auf einmal die verzweifelten Schreie einer Frau, der Frau, die er eben noch am Geländer hatte stehen sehen. Sie trieb hilflos im Strom, mit den Armen wild um sich rudernd dahin, den nassen Tod vor Augen. Dann verstummten plötzlich gurgelnd die Schreie. Es war wieder totenstill. Clamence hatte die Schreie gehört, aber er sprang nicht ins Wasser. Er ging einfach weiter. Er unterließ es zu helfen. Er sah nicht einmal nach.

Diese Schuld, die er zunächst kaum spürte, kam allmählich ins Bewusstsein. Sie veränderte bei ihm alles. Sein Einverständnis mit sich selbst wurde problematisch. Gnadenlos zerbrach vor dem Blick des nun sehend gewordenen Clamence das Bild, das er sich von sich selbst gemacht hatte: das Bild eines geachteten, gütigen, aufrichtigen Mannes und Menschenfreundes. Er verlor das sichere Bewusstsein eigener Größe. Immer deutlicher erkannte Clamence sein Leben als Selbstbetrug, als Doppelspiel. Er empfand es so, dass vieles in seinem Leben bisher nur Schauspielerei war.

Der Drang zur Selbstanalyse stürzt ihn von seiner Höhe herab, auf der er bisher ungefochten gelebt hat. Clamence fängt an zu erkennen, dass seine Bescheidenheit nur der Selbstbeweihräucherung dient und seine Demut nur der Herrschsucht.

Als Trinker hat er nun eine neue, seine letzte Rolle übernommen. Immer und immer wieder erzählt er den Gästen in der Kneipe sein Leben. Schonungslos stellt er sich als Sünder, sein Leben als gescheitert dar. Er bemüht sich verzweifelt, der Anklage durch das eigene quälende Gewissen zu entgehen. In endlosen Gesprächen klagt er sich selbst an. Aber er zwingt auch seine Zuhörer, sich und ihr Leben schmerzhaft zu durchleuchten. Man könnte seine neue Rolle vielleicht sogar die eines Bußrichters nennen. Er sagt: „Je mehr ich mich anklage, desto mehr habe ich das Recht euch zu verurteilen." Sein Dienst besteht darin, seinen Mitmenschen zur Selbsterkenntnis zu verhelfen, ihnen den Spiegel vors Gesicht zu halten. So kann er sagen, bei mir wird nicht gesegnet und keine Absolution, also Freisprechung von Sünden erteilt, es wird ganz einfach die Rechnung präsentiert. Das ist eine offene Art. Das ist ehrlich gesprochen.

Ich persönlich liebe diese Art des Umgangs. Und ein Sprichwort sagt: „Selbsterkenntnis ist der erste Schritt zur Besserung."

Doch die Geschichte des Jean-Baptiste Clamence geht leider nicht weiter. Sie endet hier. Jean-Baptiste Clamence, seine Gestalt und sein Schicksal, schildert der französische Schriftsteller und Philosoph Albert Camus in dem Roman „Der Fall". Dieser Albert Camus hat einmal den weisen Satz gesagt: „Ein Leben muss sich auf die Zukunft entwerfen lassen, wenn die Menschen es als lebenswert empfinden sollen. Mit dem Kopf an der Mauer leben können allenfalls die Hunde. Heute ist es aber so, dass die Leute mehr und mehr wie die Hunde leben." Nun wollen ja diese klugen Männer, wie der Nobelpreisträger Albert Camus einer war, uns mit ihren Romanen nicht die Langeweile vertreiben, sondern uns damit etwas aus ihrer Sicht Wichtiges sagen. Doch das Schicksal des Jean-Bapitist Clamence scheint mir etwas ganz anderes auszusagen, als der eben gehörte Satz: „Ein Leben muss sich auf die Zukunft entwerfen lassen, wenn die Menschen es als lebenswert empfinden sollen." Bleibt Albert Camus in der Analyse des Menschen stecken? So wie etwa ein Arzt, der zu seinem Patienten sagen muss: „Ich habe eben entdeckt, dass Sie Krebs haben, aber ich kann Ihnen leider nicht helfen."?

Ich habe beim Vergleich dieses Romans von Albert Camus mit der Bibel neu entdeckt, wie wichtig es ist, dass ein Mensch mit seiner Schuld fertig wird.

Dazu drei Leitgedanken:

1. Der Mensch braucht die Erkenntnis
   seiner Schuld.

Der Mensch braucht die Erkenntnis seiner Schuld. Albert Camus ist sicher kein Christ gewesen, aber eines hat er klar erkannt: Unvergebene Schuld kann einen Menschen vernichten. Mit anderen Worten hat es der Schweizer Jurist und Evangelist Carl Hilty gesagt. „Es gibt nur zwei Feinde, die dem Menschen das Leben wirklich verbittern oder auch ganz zerstören können, nämlich Schuld und Sorge." Und Hilty fügte hinzu, dass ein Mensch in dieser Welt nicht froh werden könne, wenn er nicht diese beiden Feinde seines Lebens überwunden habe.

Bei Camus kommt der Rechtsanwalt Clamence so unter die Räder, dass er schließlich nur noch ein menschliches Wrack ist. Die Schuld hat ihn vernichtet. So erging es auch dem israelitischen König David. Nach einem Ehebruch und einem Mord berichtet David: „Denn als ich es – nämlich die Schuld – wollte verschweigen, verschmachteten meine Gebeine durch mein tägliches Klagen, denn deine Hand – David meint Gottes Hand – lag Tag und Nacht schwer auf mir, dass mein Saft vertrocknete, wie es im Sommer dürre wird."

Mit anderen Worten: Davids Schuld zog seinen ganzen Körper in Mitleidenschaft. So ernst nimmt Gott die Schuld. Auch Albert Camus nimmt die Schuld nicht auf die leichte Schulter. Und ich? Was mache ich mit meiner Schuld? Und was machen Sie?

Wenn ich meine Schuld erkenne, aber nicht ernst nehme, dann nehme ich letztlich auch Gott nicht ernst. Der aber nimmt meine Schuld ganz ernst. Das Verharmlosen der eigenen Schuld geht meistens nur eine gewisse Zeit gut, aber dann kommt die verdrängte Schuld wieder hoch wie bei einem Ball, den man im Wasser untertaucht. Schuld zeigt Wirkung. Nicht nur im zwischenmenschlichen Bereich, manchmal sogar bis in den Gesundheitszustand hinein. Auf jeden Fall in der Beziehung zu Gott. Schuld trennt von Gott. Wie kann ich dem als Mensch entgegenwirken?

In dieser Hinsicht gibt es ganz unterschiedliche Versuche, mit der Schuld fertig zu werden. Ich kann sagen: „Schuld gibt es nicht." So erlebte ich es vor Jahren, als ein Mann mir von seinem verpfuschten Leben erzählte und es mit Gott und seinen Nächsten, vor allem mit seiner Frau, wieder in Ordnung bringen wollte. Solange, bis seine Schwester, eine Diplompsychologin, hinzukam und ihrem Bruder mit allen Mitteln einzureden versuchte, dass er doch mit seiner Selbstanklage endlich aufhören solle, denn Schuld gäbe es gar nicht.

Manche meinen, sie könnten ihre Schuld verdrängen. Sie brauchten sie einfach nicht ernst zu nehmen oder sie müssten sie nur ins Unbewusste absacken lassen, dann sei sie erledigt. Andere spielen die Unschuldigen. Einer sagt dem andern: „Es ist halb so schlimm. Wir sind doch alle Sünder und wir kommen doch alle in den Himmel."

Mit anderen Worten: Man macht sich selbst zum Maßstab für gut und böse und wer möchte nicht Schuld entschuldigen? Wieviele Gründe der Entschuldigung haben wir oft. Da sind wir nicht ganz schuld und nicht allein schuldig.

Eine der beliebtesten Methoden ist es immer noch, die Schuld auf andere abzuschieben. Adam schob die Schuld auf Eva. Eva schob sie auf die Schlange. Diese Methode hat sich „bewährt". Mal sind die Eltern schuld oder die Kinder oder die Verhältnisse. Am Ende erklären manche Gott selbst für schuldig, denn warum hat er mich so gemacht? Und so ähnlich lauten die Versuche, mit Schuld fertig zu werden.

Doch der erste richtige Schritt, um die Schuld loszuwerden, sieht so aus: Ich muss meine Schuld erkennen. Und das heißt in diesem Zusammenhang, ich muss akzeptieren, dass ich schuldig bin. So wie Clamence seine Lage nicht beschönigt, sondern im Gegenteil schonungslos aufdeckt. So wie David keine Ausflüchte und Entschuldigungen vorbringt, so muss ich auch wirklichkeitsbezogen und nüchtern mein Leben betrachten.

Nun kann es sein, dass Sie sagen: „Aber ich habe noch nie einen Menschen ertrinken lassen wie Clamence. Und mit Ehebruch und Mord wie David habe ich auch noch nie zu tun gehabt!" Aber ich bitte Sie, die Schuld kennt doch viele Formen! Die schlechten Auswirkungen sind dieselben:

Da vergöttert zum Beispiel ein junges Mädchen seinen Körper, weil es immer wieder gehört hat, dass der ihr größtes Kapital sei. Und deshalb wird es vielleicht eines Tages zum sexuellen Freiwild für andere.

Da jagt ein Mann dem Berufserfolg nach, weil die Leistungsgesellschaft nur dem Erfolgreichen Glück verspricht. Und deshalb entfremdet er sich immer mehr von seiner Frau und den Kindern.

Da opfert ein junges Ehepaar alles für das Eigenheim, nur weil die Eltern ihnen eingetrichtert haben: „Haste was, dann biste was." Und deshalb merken sie nicht, dass sie gar nicht mehr zum eigentlichen Leben kommen.

Oder da betet eine angeblich humane Gesellschaft die Gesundheit an und verlegt darum Friedhöfe, Krankenhäuser und Behindertenstätten, wenn möglich, an den Rand der Wohnbezirke, weil man Krankheit und Tod angeblich keinem mehr zumuten kann. Und deshalb werden kranke, behinderte und alte Menschen häufig wie Aussätzige behandelt.

Das sind nur einige wenige Formen für Schuld heute. Jesus, der den Willen Gottes offenbart, sagt: „Wo euer Schatz ist, da ist auch euer Herz." Das heißt doch: Wo mein Herz ist – und mit Herz ist mein Empfinden, Denken und Handeln gemeint, sozusagen meine Schaltstation – da ist auch mein Gott. Doch Gott sagt: „Ich bin der Herr, dein Gott, du sollst keine anderen Götter haben neben mir."

Schuld hat also nicht in erster Linie mit unserem Verhalten gegenüber anderen Menschen zu tun, sondern mit unserer Einstellung gegenüber Gott.

Als Jesus gefragt wurde, was das wichtigste Gebot sei, antwortete er zuerst: „Du sollst Gott, deinen Herrn, lieben von ganzem Herzen." Wenn ich das also nicht tue, dann ist das Sünde. Es geht demnach zunächst um mein persönliches Verhältnis zu Gott. „Und dann", so hat Jesus weiter geantwortet, „liebe deinen Nächsten wie dich selbst."

Die falschen Verhaltensweisen, die ich eben aufzählte, wie z. B. das Vernachlässigen der Familie oder alter Menschen, um nur zwei zu nennen, diese falschen Verhaltensweisen haben ihre Ursache in der einen Hauptsünde, nämlich der Trennung des Menschen von Gott.

Wolfgang Dyck, der im wahrsten Sinne des Wortes vom Knast zur Kanzel kam, hat einmal gesagt: „Dem Bruch mit Gott folgen alle anderen Brüche, z. B. Ehebruch, Hausfriedensbruch, Einbruch usw."

Grundsätzlich ist das Sünde, wenn ich so lebe, als würde Gott nicht existieren, wenn mein Wesen von dem Gedanken beherrscht wird: „Lass mich in Ruhe, Gott, ich will mein Leben in die eigene Hand nehmen." Denn das ist Auflehnung gegen Gott. In dieser Haltung verfehle ich das gottgewollte Ziel. Das ist die Gemeinschaft, die er, mein Schöpfer, mit mir haben will.

Wenn ich ein Ziel verfehle, spielt es keine Rolle, ob ich einen Meter oder einen Kilometer daran vorbeigekommen bin. Das ändert nichts an der Tatsache, dass ich es verfehlt habe. Die Größenordnung der Verfehlung ist völlig unbedeutend. Darum spielt es auch keine Rolle, wenn ich sage: „So schlecht wie der Clamence oder wie der David damals, als er Ehebruch beging und den betrogenen Mann ermorden ließ, bin ich nicht." Ein Vergleich mit anderen bringt nichts. Ich muss mein Leben mit dem Maßstab Gottes vergleichen. Und zu diesem Maßstab Gottes zählen z. B. die Zehn Gebote. Wenn ich mein Leben damit vergleiche, dann kann ich entdecken, und damit bin ich beim zweiten Leitgedanken: Der Mensch braucht das Bekenntnis seiner Schuld.

2. Der Mensch braucht das Bekenntnis seiner Schuld.

Die Geschichte des Jean-Baptiste Clamence zeigt: Es reicht nicht, die Schuld zu erkennen, man muss sie auch bekennen. Ähnlich, wenn auch auf einer anderen Ebene, war es bei David. Er hat nicht versucht, sich um seine Schuld herumzudrücken, als der Prophet Nathan zu ihm kam und ihm gesagt hat: „Du bist der Mann, der sich versündigt hat." Er hat die Anklage Gottes schließlich akzeptiert.

Für mich bedeutet das, wenn ich z. B. anhand der Gebote Gottes Bilanz ziehe, wenn ich dabei meine Schuld erkenne, dann muss ich sie auch offen aussprechen. Nicht sofort vor dem nächstbesten Menschen. Das kann zwar manchmal auch nötig sein. Zuerst einmal aber braucht mein Nächster gar nicht in mein Innerstes zu schauen. Vor Gott muss ich im Gebet meine Schuld offen aussprechen. Natürlich bedarf das alles der Übung. Das geht nicht gleich beim ersten Mal wie gewünscht und auch später nicht immer ganz glatt. Jedenfalls ist das meine Erfahrung.

Manchmal geniere ich mich vor Gott und auch vor mir selbst. Und manchmal vergesse ich allzu gerne all das, was mir beim Bedenken der Gebote Gottes aufgeht. Hin und wieder ist es auch eine Hilfe, mit anderen Christen, zu denen man Vertrauen hat, über seine Schuld zu sprechen. Auf jeden Fall ist es wichtig, dass sie bekannt wird, Gott bekannt wird. Er ist dafür zuständig, denn er ist mein Herr. Er will, dass ich seinen Willen befolge, weil er als mein Schöpfer weiß, dass es nichts Besseres für mich gibt. Und er hat das Recht und die Macht, mich zur Ordnung zu rufen und zu strafen, auch wenn mir das nicht ins Konzept passt. Aber ich kann froh und dankbar sein, wenn er mich ruft und ermahnt, denn dann habe ich Gelegenheit, mich zu besinnen, umzukehren, einen neuen Weg einzuschlagen, bevor es zu spät ist.

Darum lautet der dritte Leitgedanke: Der Mensch braucht die Vergebung seiner Schuld.

3. Der Mensch braucht die Vergebung seiner Schuld.

Bei Camus ist für den Rechtsanwalt Clamence alles zu spät. Es gibt keinen Weg aus der Schuld heraus. Das Fazit lautet: „Die Sünden der Menschen können nicht vergeben werden, gezeichnet Albert Camus." Aber die Bibel setzt sozusagen einen Stempel darunter, auf dem zu lesen ist: „Freispruch, Jesus Christus". Dieser Freispruch ist das einzigartige Angebot Gottes.

David erinnerte sich damals in der schuldbeladenen Atmosphäre an die Macht des Gebetes. Er wusste, dass er sich an Gott wenden kann, dass er an ihn appellieren darf, dass er ihn beim Wort nehmen kann. Wir können das heute noch viel besser wissen, denn wir haben doch schon von Jesus Christus gehört, oder haben Sie, liebe Leserin, lieber Leser, noch nie etwas von Jesus Christus gehört? Ihn müssen wir persönlich kennen lernen. Seine guten Worte müssen wir hören, denn er ist zuständig für Schuld. Er allein.

Wenn Sie Schwierigkeiten mit Ihren Zähnen haben, dann müssen Sie zum Zahnarzt. Es nützt Ihnen gar nichts, wenn Sie Ihr Gebiss dem Augenarzt zeigen und dem Zahnarzt mal tief in die Augen schauen. Man muss immer zum richtigen Arzt.

Leider gehen aber viele Menschen mit ihrer Schuld nirgendwohin oder dorthin, wo ihnen nicht geholfen werden kann. Wer Hilfe will, muss mit seiner Schuld zu Jesus gehen. Das Gebet ist der erste Schritt. Er selbst hat das gesagt und dazu eingeladen und er will und kann uns die Schuld wegnehmen und unser Leben verändern. Dabei erhebt Jesus nicht den moralischen Zeigefinger, wenn er uns sieht, sondern bietet uns die Vergebung an. Und das kann er, weil er im Namen und Auftrag Gottes für unsere Schuld gestorben ist, mit seinem Tod am Kreuz von Golgatha unsere Schuld ein für allemal auf sich genommen hat. Seitdem er am Kreuz hing und unter großen Schmerzen rief: „Mein Gott, mein Gott, warum hast du mich verlassen?", seitdem muss keiner mehr verlassen sein. Niemand muss also nach seinem Schuldbekenntnis verzweifelt sein und immer und immer wieder seine Schuld bekennen und langsam an ihr zugrunde gehen wie Clamence. Jeder hat die einmalige Chance zu Gott zu beten und ihn zu bitten, seine Strafe auszusetzen. Und das kann er im Namen Jesu tun, so wie Jesus selbst es gelehrt hat: „Vergib uns unsere Schuld." Dabei kann ich mich auf das Kreuz von Golgatha berufen, auf das, was Jesus dort für mich getan hat. Und ich kann sprechen: „Herr, ich habe Strafe verdient, weil ich nicht nach deinen Geboten gelebt habe. Ich bin schuldig. Aber dein Sohn hat meine Schuld ans Kreuz getragen. Sie ist getilgt und vergeben."

Merken Sie den Unterschied zwischen David und Camus? Zwischen Ihnen und Camus? Oder gibt es da keinen Unterschied? Bei Camus endet alles in der Ausweglosigkeit der Schuld, in der Selbstzerstörung des Menschen. Bei David endet es in dem Gebet zu Gott und der Gewissheit der Sündenvergebung, denn er berichtet: „Wohl dem, dem die Übertretungen vergeben sind, dem die Sünde bedeckt ist. Wohl dem Menschen, dem der Herr die Schuld nicht zurechnet, in dessen Geist kein Trug ist. Denn als ich es wollte verschweigen, verschmachteten meine Gebeine durch mein tägliches Klagen. Denn deine Hand lag Tag und Nacht schwer auf mir, dass mein Saft vertrocknete, wie es im Sommer dürre wird. Darum bekannte ich dir meine Sünde und meine Schuld verhehlte ich nicht. Ich sprach: Ich will dem Herrn meine Übertretungen bekennen. Da vergabst du mir die Schuld meiner Sünde."

Diese freudige Feststellung Davids: „Da vergabst du mir die Schuld meiner Sünde", dieser Freispruch kann über jedem Leben stehen. Wenn ich schuldig geworden bin, ist die Einsicht meiner Schuld die beste Aussicht für mein weiteres Leben. Und dann kann ich diese Schuld beim Namen nennen und sie Gott bekennen. Einer der ersten Nachfolger Jesu, Johannes, hat diese Erfahrung so beschrieben: „So wir aber unsere Sünden bekennen", sagt er, „so ist er – und er meint damit Gott – so ist er treu und gerecht, dass er uns die Sünden vergibt und reinigt uns von aller Ungerechtigkeit."

Wenn ich das getan habe, so meine Schuld bekannt habe, darf ich gewiss sein, dass Gott sie mir vergibt. Er liebt mich so sehr, dass er mich nicht in meiner Schuld hängen lässt. Ja, er liebt mich noch mehr als der Mann seine Frau liebt, von dem Werner Bergengrün in einer Novelle erzählt:

„In einem kleinen sizilianischen Dorf lebte die Frau eines Fischers. Während er schon tagelang unterwegs war, um gute Fanggründe auszumachen, gerät sie in die Netze eines anderen Mannes. Diese ehebrecherische Tat kommt ans Licht und nach altem sizilianischem Recht wird sie zum Tode verurteilt. Am frühen Morgen steht die Schuldbeladene auf der Klippe hoch über dem Meer, um von dort hinabgestoßen zu werden. Beim ersten Sonnenstrahl, der über das Wasser kommt, wird das Urteil ausgeführt. Die Frau fällt und fällt, aber sie fällt nur in die Netze ihres Mannes. In der Nacht war er zurückgekehrt, hatte von ihrer ehebrecherischen Tat gehört und hatte dann das Netz über den Abgrund gespannt. Wegen seiner Tat musste sie nicht sterben. Wegen seiner Tat durfte sie leben."

Keiner muss also wegen seiner Schuld vor Gott verloren sein. Gott hat durch Jesus das Netz der Vergebung gespannt. Das ist das Angebot für alle Schuldigen. Der Mensch braucht also nicht nur die Erkenntnis seiner Schuld. Er muss auch seine Schuld bekennen vor Gott und wenn nötig auch vor Mitmenschen. Dann aber kann er gewiss sein, dass sie ihm von Gott vergeben wird, ein für allemal.

Das Wunder von Golgatha:
Macht durch Liebe

Ich kenne viele Machthaber an die ich Fragen habe. Ich kenne aber auch einen, der mich in Frage stellt. Er stellt mich in Frage, weil er auf ganz außergewöhnliche Art und Weise seine Macht ausübt. Diesen einzigartigen Machthaber – nämlich Jesus Christus – will ich Ihnen ein wenig vorstellen.

Vielleicht geht Ihnen das ja so ähnlich, dass Sie auch Machthaber kennen, an die Sie Fragen haben, Machthaber, mit denen Sie unzufrieden sind. Machthaber in Ihrem kleinen Lebensreich, Vorgesetzte an der Arbeitsstelle. Oder Mächtigere in Ihrer Familie. Und dann sind da ja noch die anderen Mächtigen. Die, die wir zum Beispiel im Fernsehen bei „Gipfelkonferenzen" sehen, die Herren dieser Welt, die Präsidenten, Premierminister, Staatschefs. Zwar sind sie keine Supermänner mit übermenschlichen Fähigkeiten, aber sie haben doch kraft ihrer Ämter das Sagen. Ihre Entscheidungen sind von Bedeutung für das Wohl und Wehe vieler Menschen.

Ich denke zum Beispiel an Mao Tse-tung, den langjährigen Führer des großen chinesischen Volkes. Von ihm habe ich einmal in einer Zeitung folgendes Bild gesehen: Einige hundert Chinesen halten sich unterschiedlich gefärbte Tafeln vor die Brust und das Gesicht. Die Tafeln zusammen bilden das Bild des Mächtigen. Man muss sich das mal vorstellen: Menschen verehren so einen Menschen. So ist es immer wieder geschehen in der Geschichte: Wenn Menschen Gott nicht anbeten dürfen oder Gott nicht anbeten wollen, werden sie über kurz oder lang vor einem Mitmenschen in die Knie gehen oder etwas Selbstgeschaffenes anbeten und darin ihren Lebensinhalt sehen.

Ich kenne einen Mann, für den ist sein teures Auto sein ein und alles. Dafür arbeitet er. Dafür lebt er, dass er dieses Auto fahren kann, dass andere ihn in diesem Auto sehen. Von seinem Beruf her könnte er sich dieses Auto nicht leisten. Aber weil er viele andere Dinge in seinem Leben zurückstellt und sich im Wesentlichen auf seinen Wagen konzentriert, ist ihm das möglich.

Das ist eine moderne Form der Anbetung. Für den einen ist es sein Auto, für den anderen irgend etwas anderes. Von diesen modernen Götzen gibt es viele. Martin Luther hat gesagt: „Woran du dein Herz hängst, das ist dein Gott."

Unser Herz, unsere ungeteilte Zuwendung will auch der ganz andere Machthaber, Jesus Christus. Aber er will uns auf ganz andere Art und Weise haben. Nun muss man dazu wissen: Diesem Jesus Christus hat Gott alle Gewalt gegeben im Himmel und auf Erden. Jesus repräsentiert das Reich Gottes in dieser Welt und Zeit. Er ist unser Herr, ganz gleich, ob wir das wahrhaben wollen oder nicht.

Doch von diesem Herrn gibt es ein ganz anderes Bild als von den Mächtigen dieser Welt. Der Evangelist Lukas hat es gezeichnet in dieser Schilderung:

„Als sie zu der Stelle kamen, die ,Schädel' genannt wird, nagelten die Soldaten Jesus ans Kreuz und mit ihm die beiden Verbrecher, den einen links von Jesus, den anderen rechts. Jesus sagte: ,Vater, vergib ihnen! Sie wissen nicht, was sie tun.' Dann losten die Soldaten untereinander seine Kleider aus. Das Volk stand dabei und sah bei der Hinrichtung zu.

Die Ratsmitglieder verhöhnten Jesus: ‚Anderen hat er geholfen; jetzt soll er sich selbst helfen, wenn er wirklich der ist, den Gott uns zum Retter bestimmt hat!' Auch die Soldaten machten sich lustig über ihn. Sie gingen zu ihm hin, reichten ihm Essig und sagten: ‚Hilf dir selbst, wenn du wirklich der König der Juden bist!' Über seinem Kopf hatten sie eine Aufschrift angebracht: ‚Dies ist der König der Juden.'

Einer der Verbrecher, die mit ihm gekreuzigt worden waren, beschimpfte ihn: ‚Bist du denn nicht der versprochene Retter? Dann hilf dir selbst und uns!' Aber der andere wies ihn zurecht und sagte: ‚Nimmst du Gott immer noch nicht ernst? Du bist doch genauso zum Tod verurteilt wie er, aber du bist es mit Recht. Wir beide leiden hier die Strafe, die wir verdient haben. Aber der da hat nichts Unrechtes getan!' Und zu Jesus sagte er: ‚Denk an mich, Jesus, wenn du deine Herrschaft antrittst!' Jesus antwortete ihm: ‚Ich versichere dir, du wirst noch heute mit mir im Paradies sein.'

Es war schon etwa zwölf Uhr mittags, da verfinsterte sich die Sonne, und es wurde dunkel im ganzen Land bis um drei Uhr. Dann riss der Vorhang vor dem Allerheiligsten im Tempel mitten durch, und Jesus rief laut: ‚Vater, ich gebe mein Leben in deine Hände!' Mit diesen Worten starb er."

(Lukas 23,33 bis 46/Gute Nachricht)

Wenn ich dieses Bild vor Augen habe, diesen Bericht vom Sterben Jesu, verstehe ich gut, was die frühen Christen getan haben. Es ist in einigen alten Kirchen zu sehen: Sie brachten in der Rundung des Chorraumes in der Kirche das Bild des Königs Jesus Christus an. Die Christen damals griffen den Königstitel auf,

obwohl er politisch besetzt war. Das heißt, der Königs- bzw. Kaisertitel war besetzt durch die Herrscher.
Zum Beispiel durch so blutrünstige Herrscher des
Römischen Reiches wie Nero. Doch die Christen füllten diesen Herrschertitel mit neuem Inhalt. Sie gaben
diesen Titel ihrem Herrn Jesus Christus. Diese Krönung Jesu hatte Folgen. Wer sich zu ihm bekannte,
musste mit Konsequenzen rechnen; denn wenn der,
der da am Kreuz hängt, ein König ist, dann ist das
ja ein Hohn auf die politischen Könige, die sich damals wie ein Gott verehren ließen. Und wenn Jesus
auf diese Weise König ist, dann können die anderen
nicht mehr unwidersprochen Könige sein.

Das zu sagen war damals ein gefährliches Unterfangen: Die Christen versagten den Staatsgöttern bzw.
dem Kaiser die Ehre. Sie weigerten sich, diese als die
höchsten Herren des Himmels und der Erde anzuerkennen, ja sie weigerten sich, diese irdischen Herrscher anzubeten. Statt dessen huldigten die Christen
einem, den die Strafe des Staates ereilt hatte, das heißt
einem, der offiziell als Verbrecher galt. Und deshalb
mussten Christen für dieses Bekenntnis mit dem Tod
büßen, nicht nur damals im Römischen Reich. Es
gab immer wieder Situationen, in denen Christen
ihren politischen Führern die Gefolgschaft verweigern
mussten, weil die von ihnen verlangten, Dinge zu tun,
die sich mit dem Glauben an den König Jesus Christus nicht vereinbaren ließen. Das war z. B. im Dritten
Reich in Deutschland so oder auch hinter dem Eisernen Vorhang, und das ist auch heute in dem einen oder
anderen Land so.

Das alles fing schon damals an, als Jesus vor dem
Hohen jüdischen Rat stand. Bei den Mitgliedern des
Hohen Rates kommt Jesus erst einmal an eine Grenze.
Sie verurteilen ihn. Sie erkennen zwar an, dass er an-

deren geholfen hat, aber dass er sein Leben für die Menschen hingibt, überzeugt sie noch nicht. Erst ein Wunder würde sie – vielleicht – überzeugen: wenn er sich vom Kreuz lösen würde.

Doch der göttliche Herrscher geht darauf nicht ein. Er wird uns im Neuen Testament ganz anders vorgestellt: Als ein König mit der Dornenkrone. Ein König, der am Kreuz in sein Amt eingesetzt wird. Seine Herrschaft beginnt, indem er sich zwischen zwei Verbrechern hinrichten lässt. Anstelle von Ehrerbietung erfährt er Hohn. Die führenden Juden verspotteten Jesus: „Anderen hat er geholfen", sagen sie, „jetzt soll er sich selbst helfen, wenn er wirklich der ist, den Gott uns als Retter bestimmt hat." Auch die Soldaten machen sich lustig über ihn und sagen: „Hilf dir selbst, wenn du wirklich der König der Juden bist" (Verse 35–37). Ja, sogar einer der Mitgekreuzigten lästert ihn: „Bist du denn nicht der versprochene Retter? Dann hilf dir selbst und uns!" (Vers 39).

Um die ganze Tragik dieses Königs zu ermessen, muss man wissen, unter welchen Vorzeichen Jesus gestartet ist. Seiner Mutter Maria wurde, bevor sie mit ihm schwanger wurde, von einen Engel prophezeit: „Er wird groß sein und wird ‚Sohn des Höchsten' genannt werden. Gott der Herr wird ihm das Königtum seines Vorfahren David übertragen. Er wird für immer über die Nachkommen Jakobs regieren. Seine Herrschaft wird nie zu Ende gehen" (Lukas 1,32ff.). Was für eine große Zukunft ist Jesus vorausgesagt worden!

Diese Prophetie wird nun am Kreuz Lügen gestraft. So scheint es jedenfalls. Das Kreuz als Königsthron? „Darüber kann man ja nur lachen und spotten", haben nicht nur damals seine Gegner gedacht. So haben immer wieder Menschen gedacht und getan, die diesem König Jesus Christus begegneten.

Als Archäologen in Rom den Palast des Kaisers ausgruben, entdeckten Sie an einer Wand ein eingeritztes Bildnis aus dem 2. Jahrhundert. Auf diesem Bild in der Wand ist ein Mann zu sehen, ein Mann am Kreuz mit Eselskopf. Und davor ist eine Gestalt mit erhobenen Händen zu sehen. Darunter steht zu lesen: „Alexamenos verehrt seinen Gott." Verstehen Sie? Mit dieser Karikatur sollte offensichtlich ein römischer Soldat namens Alexamenos, der sich zu Christus bekannte, in seiner religiösen Überzeugung getroffen werden. Man wollte ihm sagen: „Du bist ein Esel, wenn du einen Gekreuzigten anbetest. Wie kann du dich nur auf einen Verlierer einlassen!"

Dem ist zunächst nicht zu widersprechen. In den Evangelien, in den Berichten über das Leben Jesu auf dieser Erde wird uns tatsächlich das Bild eines erbärmlichen Königs gezeichnet. Doch beim genaueren Hinsehen kann man entdecken: Dieser Verlierer ist ein Gewinner. Warum? Dieser Erbärmliche erbarmt sich. Dieser König erbarmt sich sogar über den Verbrecher neben ihm, nachdem der ihn gebeten hat: „Denk an mich, Jesus, wenn du deine Herrschaft antrittst!"

Hinter dieser Erbärmlichkeit steckt demnach mehr. Nicht irgendeine raffinierte Methode, sondern Liebe. Das ist für mich das große Wunder von Golgatha: Die Macht Jesu durch seine Liebe. Er ist wehrlos geworden, weil er die Herzen der Menschen gewinnen will. Nicht durch Gewalt, auch nicht durch die Gewalt eines Wunders will er die Menschen gewinnen, sondern durch seine Worte und sein Dasein. Jesus lässt nicht andere für sich sterben, sondern stirbt selbst für die anderen. Die unscheinbare Krippe von Weihnachten und das Kreuz von Karfreitag sind aus demselben Holz geschnitzt. Krippe und Kreuz zeigen, von welcher Art diese Macht ist: Es ist die Liebe. Eine Liebe, die sich lieber verwunden lässt, als dass sie verwundet. Aber gerade dadurch hat sie immer wieder Menschen gewonnen, und sie wird gewinnen, so wie dieser barmherzige König im Alten Testament im Buch Jesaja beschrieben wird:

„Er war der Allerverachtetste und Unwerteste, voller Schmerzen und Krankheit. Er war so verachtet, daß man das Angesicht vor ihm verbarg; darum haben wir ihn für nichts geachtet. Fürwahr, er trug unsre Krankheit und lud auf sich unsre Schmerzen. Wir aber hielten ihn für den, der geplagt und von Gott geschlagen und gemartert wäre. Aber er ist um unsrer Missetat willen verwundet und um unsrer Sünde willen zerschlagen. Die Strafe liegt auf ihm, auf daß wir Frieden hätten, und durch seine Wunden sind wir geheilt. Wir gingen alle in die Irre wie Schafe, ein jeder sah auf seinen Weg. Aber der HERR warf unser aller Sünde auf ihn. Als er gemartert ward, litt er doch willig und tat seinen Mund nicht auf wie ein Lamm, das zur Schlachtbank geführt wird; und wie ein Schaf, das verstummt vor seinem Scherer, tat er seinen Mund nicht auf. Er ist aus Angst und Gericht hinweggenommen. Wer aber kann sein Geschick ermessen? Denn er ist aus dem Lande der Lebendigen weggerissen, da er für die Missetat meines Volks geplagt war. Und man gab ihm sein Grab bei Gottlosen und bei Übeltätern, als er gestorben war, wiewohl er niemand Unrecht getan hat und kein Betrug in seinem Munde gewesen ist. So wollte ihn der HERR zerschlagen mit Krankheit. Wenn er sein Leben zum Schuldopfer gegeben hat, wird er Nachkommen haben und in die Länge leben, und des HERRN Plan

wird durch seine Hand gelingen. Weil seine Seele sich abgemüht hat, wird er das Licht schauen und die Fülle haben. Und durch seine Erkenntnis wird er, mein Knecht, der Gerechte, den Vielen Gerechtigkeit schaffen; denn er trägt ihre Sünden. Darum will ich ihm die Vielen zur Beute geben, und er soll die Starken zum Raube haben, dafür daß er sein Leben in den Tod gegeben hat und den Übeltätern gleichgerechnet ist und er die Sünde der Vielen getragen hat und für die Übeltäter gebeten."
(Jesaja 53,3–12)

Wenn Jesu Tod am Kreuz der Schlusspunkt seines Lebens gewesen wäre, könnte man in der Tat nichts anderes als Spott dafür übrig haben. Doch auch hier gilt: Wer zuletzt lacht, lacht am besten. Denn zum Tod Jesu gehört untrennbar jenes andere Geschehen, nämlich seine Auferstehung von den Toten. Der Gekreuzigte lebt. Das ist die überwältigende Erfahrung seiner Freunde, nachdem auch sie schon daran gezweifelt hatten, ob Jesus wirklich der König ist.

Im Licht von Ostern, am Ostermorgen und danach enthüllt sich ihnen, wer Jesus wirklich ist: Sie erkennen ihn als Gottes Sohn. Jesus ist für sie kein großer Unbekannter mehr – und das gilt nicht nur für die Jünger damals, sondern er will unser aller Bruder sein. Dabei übt er keine Gewaltherrschaft aus, sondern bezwingt mich durch seine Gewaltlosigkeit, wenn ich an ihn glaube, wenn ich mich auf ihn einlasse. Er bezwingt mich durch die Macht seiner Liebe. Diese Liebe hat in Jesu Ohnmacht am Kreuz ihren stärksten Ausdruck gefunden. Denn: Können Sie sich einen größeren Liebesbeweis vorstellen als den, dass einer freiwillig für einen anderen den Tod auf sich nimmt?

Diese Liebe Jesu stellt mein Leben in Frage und fordert mich heraus. Wie kann ich auf diese Herausforderung antworten? Ich sehe drei Möglichkeiten:

Erstens: Ich halte mich für stark und glaube, einen ohnmächtigen Jesus nicht zu brauchen:

Die zweite Möglichkeit: Ich antworte auf diese Anfrage Jesu mit Spott. Dass ich ihn nicht ernst nehme, dass ich darüber lache.

Oder drittens – und so habe ich auf diese Herausforderung reagiert, und diesen Weg schlage ich auch Ihnen vor – ich kehre um zu Jesus so wie der eine, der damals am Kreuz neben ihm hing, auch umgekehrt ist. Während die andern spotten, tut er einen großen Schritt nach vorn. Er stellt sich zu seinen Untaten. Er bekennt sich zu seiner Verantwortung. Ja, er akzeptiert sogar das Todesurteil, das er sich zugezogen hat. In dem Maß, wie dieser Verbrecher seine Selbstbehauptung aufgibt und seine Schuld wahrnimmt, beginnt er, Jesus zu sehen. Auf einmal bekommt er einen Blick für Jesus. Er fängt an, ganz auf Jesus zu setzen. Er vertraut darauf, dass in Jesus die Liebe Gottes sichtbar wird. Er traut Jesus zu, dass mit ihm ein neues Reich anbricht. Der Verbrecher glaubt, dass mit Jesus ein neuer Zustand beginnt, ein neuer Stil von Machtausübung.

Wenn jemand sich so loslässt, so auf Jesus vertraut, dann ist er bereit für die endgültige Begegnung mit Gott. Bereit für das Paradies. Dann kann Jesus ihm das vermitteln. Und das kann dann auch schon „heute" sein. Damals für den Verbrecher, vor Jahren für mich, heute für Sie.

Darum bleibt die Frage: Lasse ich mich in das Kreuzesgeschehen einbeziehen? Wo komme ich da vor? Bei den Spöttern? Bei denen, die auf ein Selbsthilfe-Wunder warten? Oder bin ich bei den Mitgekreuzigten? Vielleicht geht es Ihnen so wie mir, dass Sie sich mehr zu den Verwandten des „Verbrechers" zählen, der um sein „Paket Schuld" weiß. Das für mich Herausforderndste ist, dass Jesus die Bosheit der Menschen auf diese Weise – und nur auf diese Weise – an ihre Grenze führt. An seiner Wehrlosigkeit laufen Hohn und Spott geradezu auf und brechen sich. An seiner Machtlosigkeit verlieren Hass und Trotz ihre Kraft. Aber die Bosheit der Menschen trägt nach wie vor respektable Siege davon. Dabei muss ich nicht nur an das denken, was z. B. auf den Kriegsschauplätzen passiert. Auch ich bin der Bosheit meiner Mitmenschen ausgesetzt und sie sind auch meiner Bosheit ausgesetzt. Darum kostet es mich manchmal viel Glauben, dass Jesus schon seit 2000 Jahren der Retter ist, obwohl sich weiterhin soviel Unerlöstes behauptet, auch bei Christen. Doch wenn ich dann auf ihn schaue und mich auf ihn einlasse, entdecke ich auf einmal: Es ist ja auch mir möglich, andere zu lieben, anderen zu verzeihen, anderen Gutes zu tun. Und noch viel mehr sehe ich das im Leben anderer, stelle ich fest, wie Menschen, die es gewagt haben, sich in die Spur Jesu zu begeben, gegen das Böse gearbeitet haben, ja, wie durch sie Menschen und Verhältnisse sich geändert haben, zum Positiven geändert haben.

Da fällt mir zum Beispiel Franz von Assisi ein, der freiwillig arm wurde und sich ganz auf den Weg der Nächstenliebe einließ, und wie das Wirken dieses einen dann Kreise zog. Oder ich denke an Elisabeth von Thüringen, die der damaligen Oberschicht, der High-Society und dem damit verbundenen luxuriösen Leben bewusst den Rücken kehrte und sich den Armen bis zur Selbstaufopferung zuwandte. Oder da ist der Priester Maximilian Kolbe, der einen verurteilten Mitgefangenen im KZ Auschwitz, einen Vater von vielen Kindern, vor dem Tode bewahrte, indem er an seiner Stelle den Hungertod auf sich nahm. Und ich denke an Martin Luther Kings Kampf für die Gleichberechtigung der farbigen Mitbürger in den USA. Oder wie Mutter Teresa sich für die Ärmsten der Armen in Kalkutta einsetzte und diesen Verachteten dadurch Würde gab. Diese Reihe der Zeugen Jesu ließe sich beliebig fortsetzen. Und nur wenige sind so bekannt wie die Genannten. Aber alle zusammen sind sie Sympathisanten des Königs am Kreuz. Es ist offensichtlich so: Wenn Menschen sich auf Jesus einlassen, wenn sie hinter ihm hergehen, sich von ihm ihre Schuld vergeben lassen und dann auf seine Worte hören und sie auch befolgen, dann ist es möglich, das Böse zu begrenzen, Fehler abzubauen, ja Gutes zu tun. Eben durch die Liebe, durch das Dasein für andere.

Ich habe mich schon vor vielen Jahren auf diesen Weg eingelassen. Ganz bewusst. Sie können das heute tun, wenn Sie nicht schon hinter Jesus hergehen. Sie können diesem König folgen. Zu unserem Glück, zu unserem Heil ist er anders als die anderen Könige. Am Kreuz hat er aufgedeckt, dass er uns Menschen zugetan ist. Egal, wie einer ist, egal, wo er herkommt. Dem Verbrecher hat er es gezeigt, wie sehr er ihn liebt. Wenn ich ihm folge, muss ich mich vor keinem menschlichen Urteil mehr fürchten, selbst wenn es ganz schlimm für mich ausfällt. Und sogar im göttlichen Gericht kann ich dann auch bestehen, weil er dann an meiner Seite ist. Was Besseres kann mir nicht passieren, denn dann kenne ich den König aller Könige. Dann gehöre ich in sein Reich für Zeit und Ewigkeit.

Der Gehorsam:
ein Schlüssel zum Himmel

Für viele Menschen ist das keine Frage: Es gibt keinen Gott, keinen Herrn der Welt, der alles in seiner Hand hält. Wir Menschen sind unter uns. Vor uns war nichts, nach uns kommt nichts mehr. Diese Welt steht und fällt mit unserem Tun und Lassen.

Der Schriftsteller Heinrich Böll hat versucht, sich diese Welt vorzustellen, und er ist dabei zu einem erstaunlichen Ergebnis gekommen. Er hat gefragt: „Wie sähe wohl unsere Welt aus, wenn sich die nackte Walze einer Geschichte ohne Christus über sie hinweggeschoben hätte?"

Und Böll antwortet selbst darauf: „Ich überlasse es jedem Einzelnen, sich den Alptraum einer heidnischen Welt vorzustellen oder eine Welt, in der Gottlosigkeit konsequent praktiziert würde: den Menschen in die Hände des Menschen fallen zu lassen. Selbst die allerschlechteste christliche Welt würde ich der besten heidnischen vorziehen, weil es in einer christlichen Welt Raum gibt für die, denen keine heidnische Welt je Raum gab: für Krüppel und Kranke, Alte und Schwache. Und mehr noch als Raum gab es für sie: Liebe für die, die der heidnischen wie gottlosen Welt nutzlos erschienen".

Schließlich sagt Böll: „Ich empfehle es der Nachdenklichkeit und der Vorstellungskraft der Zeitgenossen, sich eine Welt vorzustellen, auf der es Christus nicht gegeben hätte. Ich glaube, dass eine Welt ohne Christus selbst die Atheisten zu Adventisten (also zu Menschen, die hoffen auf die Ankunft Christi) machen würde" (aus: „Was halten Sie vom Christentum?", hrsg. von Karlheinz Deschner, Paul List Verlag, München 1957). So Heinrich Böll.

Eine Welt ohne Gott können Sie sich vielleicht nicht mehr denken, dafür glauben Sie schon zu lange an Gott.

Aber möglicherweise kennen Sie das: In stillen Stunden, wenn Sie wirklich mal Zeit haben, über sich nachzudenken, kommen Ihnen Zweifel an Ihrem Christsein. Nicht, dass Sie Ihr Tun grundsätzlich falsch finden, aber Sie fragen sich: Handle ich aus Überzeugung oder ist es nur Routine? Und: Wo wird mein Glaube sichtbar? Was unterscheidet zum Beispiel mein Leben von dem meines Nachbarn, der nicht an Gott glaubt?

Rechne ich überhaupt damit, dass Gott durch Worte aus der Bibel zu mir redet? Wodurch bin ich nur so gleichgültig geworden, so oberflächlich? Liegt es an dieser Zeit? Sicher, es dringen heute viele Stimmen an mein Ohr, nicht nur durch Radio oder Fernsehen. Es ist nicht leicht, die Stimme Gottes herauszuhören, aber will ich denn überhaupt noch die unverwechselbare Stimme Gottes hören? Und was mache ich, wenn ich sie höre? Das sind meines Erachtens die beiden entscheidenden Fragen. Wer sie sinnvoll beantwortet, kann wieder in den Kontakt mit Gott kommen.

Die Antwort auf die erste Frage. Will ich denn überhaupt die Stimme Gottes hören? Die Antwort darauf lautet: Ich muss Gottes Stimme hören wollen. Diese Einstellung, dass ich Gottes Stimme hören will, ist die Voraussetzung für meine Antwort auf die zweite Frage. Die Frage: Was mache ich, wenn ich sie höre? Die konsequente Antwort lautet: Ich muss, wenn ich Gottes Stimme höre, wenn ich den Eindruck habe, er spricht zu mir durch sein Wort aus der Bibel, durch einen Mitmenschen, durch einen Gedanken, der sich in mir festsetzt, vielleicht sogar durch einen Traum, dieser Stimme dann auch folgen. Das setzt natürlich voraus, dass ich Gott als die Autorität für mein Leben anerkenne. Wenn ich sein Wort befolge, dann erfahre ich auch (wieder), dass er existiert. Viel mehr noch: dass er nicht schweigt, sondern redet. Doch genau das ist manchmal mein Problem, die Autorität Gottes zu akzeptieren.

Der Theologe Dietrich Bonhoeffer hat geschrieben: „Du beklagst Dich darüber, dass Du nicht glauben kannst. Es darf sich keiner wundern, wenn er nicht zum Glauben kommt, solange er sich an irgendeiner Stelle im wissentlichem Ungehorsam dem Gebot Jesu widersetzt oder entzieht. Du willst irgendeine sündige Leidenschaft, eine Feindschaft, eine Hoffnung, deine Lebenspläne, deine Vernunft nicht dem Gebot Jesu unterwerfen… " (Dietrich Bonhoeffer: Nachfolge, 1937).

Bonhoeffer folgert daraus: „Willst du Gottes gebietendes Wort ausschlagen, so wirst du auch sein gnädiges Wort nicht empfangen… Der Ungehorsame kann nicht glauben, nur der Gehorsame glaubt." So Bonhoeffers Überzeugung.

Das bedeutet doch, wenn ich ungehorsam bleibe, empfange ich von Gott auch kein hilfreiches Wort, dann kann ich zum Beispiel noch so viele biblische Aussagen lesen – sie bleiben für mich tote Buchstaben. Dann kann ich am Sonntag dreimal in den Gottesdienst gehen, die Predigten haben mir dennoch nichts zu sagen.

Dem Hören muss das Gehorchen folgen. Das ist heute nicht anders als früher. Zu der Zeit ging das beispielsweise so:

1. Samuel 3, 1 bis 18:

„Und zu der Zeit, als der Knabe Samuel dem Herrn diente unter Eli, war des Herrn Wort selten, und es gab kaum noch Offenbarung. Und es begab sich zur selben Zeit, dass Eli lag an seinem Ort, und seine Augen hatten angefangen, schwach zu werden, so dass er nicht mehr sehen konnte.

Die Lampe Gottes war noch nicht verloschen. Und Samuel hatte sich gelegt im Heiligtum des Herrn, wo die Lade Gottes war. Und der Herr rief Samuel. Er aber antwortete: Siehe, hier bin ich! und lief zu Eli und sprach: Siehe, hier bin ich! Du hast mich gerufen. Er aber sprach: Ich habe nicht gerufen; geh wieder hin und lege dich schlafen. Und er ging hin und legte sich schlafen. Der Herr rief abermals: Samuel! Und Samuel stand auf und ging zu Eli und sprach: Siehe, hier bin ich! Du hast mich gerufen. Er aber sprach: Ich habe nicht gerufen, mein Sohn; geh wieder hin und lege dich schlafen. Aber Samuel hatte den Herrn noch nicht erkannt, und des Herrn Wort war ihm noch nicht offenbart.

Und der Herr rief Samuel wieder, zum dritten Mal. Und er stand auf und ging zu Eli und sprach: Siehe, hier bin ich! Du hast mich gerufen. Da merkte Eli, dass der Herr den Knaben rief, und sprach zu ihm: Geh wieder hin und lege dich schlafen; wenn du gerufen wirst, so sprich: Rede, Herr, denn dein Knecht hört. Samuel ging hin und legte sich an seinen Ort. Da kam der Herr und trat herzu und rief wie vorher: Samuel, Samuel! Und Samuel sprach: Rede, denn dein Knecht hört. Und der Herr sprach zu Samuel: Siehe, ich werde etwas tun in Israel, wovon jedem, der es hören wird, beide Ohren gellen werden. An dem Tage will ich über Eli kommen lassen, was ich gegen sein Haus geredet habe; ich will es anfangen und vollenden. Und ich hab's ihm angesagt,

*dass ich sein Haus für immer richten will um der
Schuld willen, dass er wusste, wie sich seine Söhne
schändlich verhielten, und ihnen nicht gewehrt hat.
Darum habe ich dem Hause Eli geschworen, dass
die Schuld des Hauses Eli nicht gesühnt werden
solle, weder mit Schlachtopfern noch mit Speisop-
fern immerdar.
Und Samuel lag bis an den Morgen und tat dann
die Türen auf am Hause des Herrn. Samuel aber
fürchtete sich, Eli anzusagen, was ihm offenbart
worden war. Da rief ihn Eli und sprach: Samuel,
mein Sohn! Er antwortete: Siehe, hier bin ich! Er
sprach: Was war das für ein Wort, das er dir gesagt
hat? Verschweige mir nichts. Gott tue dir dies und
das, wenn du mir etwas verschweigst von all den
Worten, die er dir gesagt hat. Da sagte ihm Samuel
alles und verschwieg ihm nichts. Er aber sprach: Es
ist der Herr, er tue, was ihm wohlgefällt.«*

In dieser alttestamentlichen Geschichte wird erzählt,
wie Gott ganz konkret zu einem bestimmten Menschen redet. Er redet nicht an der Situation vorbei. Er
redet auch nicht ganz allgemein zu den Menschen. Er
ist kein von seiner Welt distanzierter Herrscher, der
nicht nach der Geschichte und dem persönlichen Er-
gehen seiner Menschen fragt. Hier wird berichtet, wie
er einen jungen Mann beim Namen ruft. Da wird es
persönlich. Nun ist es vorbei mit der theoretischen
Diskussion. Nun hat alle Spekulation über „Gott und
die Welt" ein Ende. Hinter der Theorie kann sich einer leicht verstecken. Doch das Versteckspiel ist vorbei, wenn es praktisch wird. Für Samuel wird das jetzt
ganz praktisch. Sein Name ist ausgesprochen.

Wer will, dass Gott mit ihm spricht, muss auch damit rechnen, dass Gott ihn ganz persönlich anspricht.

Samuel hatte anscheinend damit nicht gerechnet, er hat wohl auch die Stimme Gottes nicht gekannt. Immerhin viermal (!) musste Gott rufen. Wieviel Mal muss Gott mich rufen, bis ich seine Stimme höre und erkenne? Schlafe ich über seinem Reden auch leicht wieder ein – nicht nur bildlich gesehen? Es braucht eine ganze Weile, bis Samuel mit Elis Hilfe entdeckt, dass ihn Gott höchstpersönlich ruft. Dann aber reagiert Samuel schnell: „Rede, Herr, dein Knecht hört", sagt er.

Das Hören auf Gott ist nicht einfach ein unverbindliches Zuhören, sondern hat die Bereitschaft zum Gehorchen in sich. Dieses Hören umfasst immer einen doppelten Vorgang: Ein Sich-Öffnen für Gottes Anspruch und ein Aufbruch zum Menschen hin. „Rede, Herr, dein Knecht hört." Dieses Hören scheitert angeblich oft an Mangel an Zeit oder aber es scheitert an unserer törichten Meinung, das Zuhören sei eine unproduktive Tätigkeit oder es scheitert an der Unfähigkeit zur Konzentration. Solches Hören kann aber niemand von sich aus. Ein gut funktionierendes Trommelfell genügt nicht. Hören lerne ich nur, wenn ich, wie es beim Propheten Jesaja heißt: „... höre, wie Jünger hören ... und ich bin nicht ungehorsam und weiche nicht zurück." Gott wartet zu allererst nicht auf meine Tat, sondern auf meine Hörbereitschaft. Jeden Tag erhalte ich 1440 Minuten Zeit. Gott selbst ist der Geber dieses kostbaren Geschenks. „Rede, Herr, denn dein Knecht hört."

Endlich ist sein Kontakt mit Gott hergestellt. Endlich hört das Geschöpf wieder seinen Schöpfer. Ich ersehe hieraus: Wenn Gott mich anspricht, bleibt in meinem Leben nicht alles beim Alten. Seine Anrede kann auch eine Herausforderung für mich bedeuten. Möglicherweise hat er einen speziellen Auftrag für mich. Vielleicht sogar eine ganz neue Aufgabe. Für Samuel hieß das, seinem Lehrmeister Eli das schreckliche Gerichtsurteil anzukündigen. Für mich wird das etwas anderes bedeuten. Für Sie auch. Doch ich nehme an: Jeder, der von Gott gerufen wird, bekommt von ihm auch eine entsprechende Information und manchmal auch einen ganz konkreten Auftrag. Dabei denke ich jetzt weniger an so genannte große Aufträge, sondern vielmehr an die kleinen, die angeblich so kleinen Aufträge, die deshalb nicht weniger unbequem sein müssen als die großen, die deshalb auch genauso verantwortungsvoll getan werden müssen wie die großen.

Wie auch immer der Auftrag aussieht, ich kann ihn ablehnen, indem ich ihn in Frage stelle. Oder: Ich höre erst gar nicht richtig hin. Das gibt es ja, dass ein Christ jeden Tag betet und doch schon längst vergessen hat, dass ein Gebet – ein echtes Gebet – eine Zwiesprache mit Gott ist, dass dazu auch Stille und Meditation gehört. Manch ein Beter hält tagein, tagaus einen Monolog, d.h. nur er redet.

Solch ein Beter gleicht einem Telefonanrufer, der – nachdem er sein Anliegen genannt hat – den Hörer auflegt, so dass der Angerufene nicht mehr antworten kann, und er selbst nicht mehr hören muss, was der andere sagt. Die einseitige Devise eines solchen Beters lautet: „Höre, Herr, dein Knecht redet."

Bei Samuel beginnt der Kontakt mit Gott anders. „Rede, Herr, dein Knecht hört."

Mir fallen Minuten, Stunden ein, in denen ich in der Bibel gelesen habe oder im Gottesdienst saß und im tiefsten Grunde meines Herzens eben nicht hörbereit war. Das Ergebnis einer solchen Haltung lautet: Bei mangelnder Hörbereitschaft folgt nichts, jedenfalls nichts Positives. Umgekehrt habe ich die Erfahrung gemacht, dass ich, wenn ich wirklich hörbereit war, dann auch aus dem Wort Gottes einen wesentlichen Impuls für mein Leben empfangen habe, selbst wenn die Predigt nach meiner Meinung schlecht war oder ich eigentlich keine Lust zum Bibellesen hatte. Es hängt eben sehr viel von meiner Einstellung ab.

Von Samuel heißt es weiter: *„Samuel aber wuchs heran und der Herr war mit ihm und ließ keines von allen seinen Worten zur Erde fallen und ganz Israel von Dan bis Beerscheba erkannte, dass Samuel damit vertraut war, Prophet des Herrn zu sein. Und der Herr erschien weiter zu Silo, denn der Herr offenbarte sich Samuel zu Silo durch sein Wort"* (Verse 19–21).

Jetzt auf einmal schweigt Gott nicht mehr. Von Samuel wird berichtet: „Er ließ keines von allen seinen Worten zur Erde fallen." Daraus lerne ich, ich muss schon in der Bibel lesen. In der Bibel begegnet mir die Stimme Gottes so unmissverständlich wie sonst nirgendwo. Unbestritten ist, dass Gott auch durch andere Menschen zu mir reden kann, durch äußere Umstände, durch Träume oder sonstige Zeichen. Gott hat viele Möglichkeiten, mir zu begegnen, und es gibt umgekehrt für uns Menschen viele Wege, um mit Gott in Kontakt zu kommen. Gottes verständlichste Worte aber stehen für mich in der Bibel.

Da steht zum Beispiel im Hebräerbrief: *„Nachdem Gott vorzeiten vielfach und auf vielerlei Weise geredet hat zu den Vätern durch die Propheten, hat er in diesen letzten Tagen zu uns geredet durch den Sohn"* (Hebräer 1,1 bis 2a).

Damit ist Jesus Christus gemeint. Jesus ist demnach *das* Wort Gottes an uns Menschen. Der Apostel Johannes schreibt: *„Das Wort ward Fleisch und wohnte unter uns und wir sahen seine Herrlichkeit, eine Herrlichkeit als des eingebornen Sohnes vom Vater, voller*

Gnade und Wahrheit" (Johannes 1,14). Die Antwort auf die Frage, ob Gott da ist und ob wir mit seiner Hilfe rechnen können, steht also seit Weihnachten nicht mehr in den Sternen.

Das heißt: Gott wurde Mensch in Jesus von Nazareth. Das muss man sich einmal vorstellen: Der Ewige kam in das Zeitliche – dahin, wo wir uns mit den harten Realitäten des Lebens herumschlagen müssen. Der Unendliche war in der Gestalt des Endlichen, d. h. ca. 33 Jahre war Jesus Christus in den Schranken einer bestimmten Zeit. Der Heilige kam mitten in die Daseinsformen des Fleisches. Der große Denker George Bernhard Shaw hat gesagt: „Was Christus gesagt hat, wäre nicht weniger wahr, wenn er auf einem Landsitz mit einem hohen Jahreseinkommen gelebt hätte." Das ist ein Irrtum. Das Evangelium wäre keine befreiende Botschaft, wenn Jesus nicht die Freuden und Leiden menschlicher Existenz mit uns geteilt hätte: Heimatlosigkeit und Verlassenheit, Schmerzen und Todesangst. Er ließ sich sogar ans Kreuz schlagen für unsere Schuld. Er wurde am Ostermorgen vom Tode auferweckt. Der zweifelnde Thomas wurde von den Wundmalen Jesu, die dieser noch von der Kreuzigung her an sich trug, überzeugt. Jesus thronte nicht über uns. Er wohnte wirklich unter uns. Gott kam so auf unsere Erde, damit wir ihn verstehen.

Nie hat Gott deutlicher gesprochen. Wer Gottes Stimme hören will, muss vor allem auf die Worte Jesu hören. Das galt für Petrus oder Jakobus damals nicht anders als für Sie und mich heute. Die für unser Leben und Sterben entscheidenden Worte Jesu stehen alle in der Bibel.

Jesus hat gesagt: *„Himmel und Erde werden vergehen, aber meine Worte werden nicht vergehen."*

Unsere Gesundheit vergeht früher oder später. Mit

dem Geld ist es nicht anders. Eines Tages spielt es keine Rolle mehr, wieviel ich auf dem Bankkonto habe. Je länger ich lebe, umso mehr lässt meine Leistungskraft nach. Dementsprechend sieht es mit meiner Arbeit aus. Weil einige der ersten Nachfolger Jesu das schon damals geahnt haben, sind sie nicht von ihm weggegangen, sondern bei ihm geblieben. Petrus hat es in die Worte gefasst: *„Herr, wohin sollen wir gehen? Du hast Worte des ewigen Lebens; und wir haben geglaubt und erkannt: Du bist der Heilige Gottes"* (Johannes 6,68–69). Die ersten Christen haben geahnt: Es reicht nicht, jung zu sein, sich gut zu fühlen, genug Geld zu haben und sich nur um sich selbst zu drehen.

Mal abgesehen davon, dass selten einer alles auf einmal hat, haben diese ersten Christen schon gespürt: Bei Jesus ist mehr. Bei ihm gibt es sinnvolles Leben. Da bin ich angeschlossen an die ewige göttliche Welt – und das für diese Zeit und in Ewigkeit. Deshalb haben sie auf die Worte Jesu gehört.

Das zeigt mir, wo und was ich hören muss. Ich weiß, dass dieses Hören nicht immer leicht ist, dass es Menschen und Dinge geben kann, die mich daran hindern können, auf Gott zu hören. Manchmal können das sogar christliche Aktivitäten sein oder Christen, die mich daran hindern, auf Gott zu hören. Gerade im pausenlosen „frommen Betrieb" kann ich die Fähigkeit verlieren, die einzigartige Stimme Gottes herauszuhören, sein Wort zwischen den vielen anderen Worten zu entdecken.

Davor kann mich die Einstellung bewahren, wie sie ein Prophet zur Zeit des Alten Testaments beschrieben hat. Er sagt von Gott: *„Er öffnet mir alle Morgen das Ohr, dass ich höre, wie ein Jünger hört, und ich bin nicht ungehorsam und ich weiche nicht zurück"* (Jesaja 50, 4b–5b).

Ich gehe davon aus, dass mir nichts Besseres im Leben passieren kann, als dass der Schöpfer Himmels und der Erden, der Vater Jesu Christi, zu mir redet.

Eine gottlose Welt, eine Welt, in der wir Menschen unter uns sind, stelle ich mir schrecklich vor, obwohl es manchmal um mich herum, aber auch in meinem Leben so aussieht, als ob Gott nicht da wäre, als ob er schweigen würde.

Um so dankbarer bin ich dafür, dass ich glauben kann, dass Gott durch die Bibel und darin vor allem durch die Worte Jesu zu mir redet. In diesem Zusammenhang mache ich die Erfahrung: Wenn ich mich wirklich auf diese Worte Jesus eingelassen habe, sie befolgt habe, bin ich gut dabei gefahren, war das letztlich befriedigend und sinnvoll für mich. Was dann in meinem Leben dabei herauskommt, wenn ich mich wirklich nach seinen Worten gerichtet habe, das kann ich dann getrost ihm überlassen.

Ich jedenfalls bin froh, dass ich nicht allein in dieser Welt unterwegs bin, dass da einer ist, der mein Leben in der Hand hält, und nicht nur das – dass der auch noch zu mir spricht.

Nur wer das Geheimnis kennt…

Vielleicht haben Sie schon von Jesus gehört. Vielleicht trauen Sie ihm sogar einiges zu. Möglicherweise glauben Sie sogar an seine Existenz. Aber so richtig kennen Sie ihn nicht. Im Neuen Testament berichtet Johannes von einer Begebenheit, die helfen kann, Jesus richtig kennenzulernen. Er erzählt:

„Und Jesus ging vorüber und sah einen Menschen, der blind geboren war. Und seine Jünger fragten ihn und sprachen: Meister, wer hat gesündigt, dieser oder seine Eltern, dass er blind geboren ist? Jesus antwortete: Es hat weder dieser gesündigt noch seine Eltern, sondern es sollen die Werke Gottes offenbar werden an ihm. Wir müssen die Werke dessen wirken, der mich gesandt hat, solange es Tag ist; es kommt die Nacht, da niemand wirken kann. Solange ich in der Welt bin, bin ich das Licht der Welt. Als er das gesagt hatte, spuckte er auf die Erde, machte daraus einen Brei und strich den Brei auf die Augen des Blinden. Und er sprach zu ihm: Geh zum Teich Siloah – das heißt übersetzt: gesandt – und wasche dich! Da ging er hin und wusch sich und kam sehend wieder. Die Nachbarn nun und die, die ihn früher als Bettler gesehen hatten, sprachen: Ist das nicht der Mann, der dasaß und bettelte? Einige sprachen: Er ist's; andere: Nein, aber er ist ihm ähnlich. Er selbst aber sprach: Ich bin's. Da fragten sie ihn: Wie sind deine Augen aufgetan worden? Er antwortete: Der Mensch, der Jesus heißt, machte einen Brei und strich ihn auf meine Augen

und sprach: Geh zum Teich Siloah und wasche dich!
Ich ging hin und wusch mich und wurde sehend. Da
fragten sie ihn: Wo ist er? Er antwortete: Ich weiß es
nicht. " (Johannes 9,1 bis 12)

Jesus sieht am Tempeleingang einen Blinden sitzen.
Seine Jünger verstehen diese Krankheit als Strafe für
Sünde. So dachte man damals. Nur – bei einem Blindgeborenen geht diese Theorie vom Sinn des Leidens
nicht auf. Denn für wessen Sünde soll seine Blindheit
die Strafe sein? Für seine eigene doch nicht. Für die
der Eltern?

Jesus wischt diesen religiösen Denkzwang weg. Weder der Blinde noch seine Eltern haben mehr gesündigt als andere. Es geht nicht um die Ursache dieses
Leidens, sondern um sein Ziel. Das Elend dieses Blinden bekommt jetzt im Nachhinein einen Sinn, indem
Jesus ihm begegnet: Zum einen kommt der Blinde
durch die Heilung zum Glauben an Jesus. So gilt für
sein Leben, was Martin Luther einmal schrieb: „Gottes Wege mit uns sind wie ein hebräisches Buch. Man
kann sie nur von rückwärts lesen." Zum andern wird
diese Heilung zu einem Zeichen dafür, dass mit Jesus
das entscheidende Licht in diese Welt gekommen ist.

Nachdem Jesus so seinen Jüngern angekündigt hat,
was geschehen wird, wendet er sich dem Blinden zu.
Er macht aus Spucke und Erde einen Brei und legt
diesen auf die blinden Augen. Und dann muss der
Blinde auch etwas tun. Er muss sich waschen. Und das
tut er. Nun kann er sehen. Die anderen, die ihn jetzt
sehen, können das nicht verstehen. Seine Nachbarn
denken: „Vielleicht war das gar nicht der Blinde?"
Aber er war es. Nun wollen sie wenigstens genau
wissen, wie es zugegangen ist. Doch die genaue Be-
schreibung der Heilung erklärt im Grunde gar nichts,

macht für sie die Sache nur noch verwirrender. Wunder Gottes kann man eben nicht bis in alle Einzelheiten erklären. Aber sie können einem helfen, den kennenzulernen, der sie tut. Insofern ist die Frage der Leute damals gut: „Wo ist er?"

Johannes berichtet:

„*Da führten sie ihn, der vorher blind gewesen war, zu den Pharisäern. Es war aber Sabbat an dem Tag, als Jesus den Brei machte und seine Augen öffnete. Da fragten ihn auch die Pharisäer, wie er sehend geworden wäre. Er aber sprach zu ihnen: Einen Brei legte er mir auf die Augen, und ich wusch mich und bin nun sehend. Da sprachen einige der Pharisäer: Dieser Mensch ist nicht von Gott, weil er den Sabbat nicht hält. Andere aber sprachen: Wie kann ein sündiger Mensch solche Zeichen tun? Und es entstand Zwietracht unter ihnen. Da sprachen sie wieder zu dem Blinden: Was sagst du von ihm, dass er deine Augen aufgetan hat? Er aber sprach: Er ist ein Prophet. Nun glaubten die Juden nicht von ihm, dass er blind gewesen und sehend geworden war, bis sie die Eltern dessen riefen, der sehend geworden war, und sie fragten sie und sprachen: Ist das euer Sohn, von dem ihr sagt, er sei blind geboren? Wieso ist er nun sehend?*

Seine Eltern antworteten ihnen und sprachen: Wir wissen, dass dieser unser Sohn ist und dass er blind geboren ist. Aber wieso er nun sehend ist, wissen wir nicht, und wer ihm seine Augen aufgetan hat, wissen wir auch nicht. Fragt ihn, er ist alt genug; laßt ihn für sich selbst reden. Das sagten seine Eltern, denn sie fürchteten sich vor den Juden. Denn die Juden hatten sich schon geeinigt: wenn jemand ihn als den Christus bekenne, der solle aus der Synagoge

ausgestoßen werden. Darum sprachen seine Eltern: Er ist alt genug, fragt ihn selbst."
(Johannes 9,13 bis 23)

Der Blinde hat nicht nur das Augenlicht gewonnen, ihm ist auch eine Einsicht geschenkt worden: „Der mich gesund gemacht hat, der kommt von Gott. Nicht menschliche Kunst war es, die mich geheilt hat. Gott hat Jesus diese heilende Kraft gegeben." Aber das leuchtet nicht allen ein. Trotzdem spüren die Leute, dass die Sache sie etwas angeht, aber sie gehen dann doch nicht zu Jesus, um sich Klarheit zu verschaffen. Sie gehen vorsichtshalber erst einmal zu denen, die das Sagen haben, zu den theologischen Autoritäten, zu den Pharisäern. Sie fragen, was sie von dem Ereignis halten sollen. Für einen Teil der Pharisäer ist die Frage schon damit negativ entschieden, dass Jesus das Sabbatgebot gebrochen hat. Andere sind unsicher. Vielleicht sind Tat und Täter doch von Gott. Unklar bleibt, warum sie nun den Geheilten fragen. Wollen sie wirklich herausfinden, was es mit Jesus auf sich hat? Oder wollen sie nur den Schein einer ordnungsgemäßen Untersuchung aufrechterhalten? Oder wollen sie den Mann, der sichtlich von Jesus beeindruckt ist, unsicher machen? Oder wollen sie nur Zeit gewinnen, bis ihnen ein stichhaltiger Grund einfällt, um sich nicht auf Jesus einlassen zu müssen? Auf jeden Fall spüren alle Beteiligten, dass sie so einfach an Jesus nicht vorbeikommen.

Der Geheilte selbst sieht in Jesus einen Propheten. Er will damit sagen: Was Jesus an mir getan hat, kann er nur im Namen Gottes getan haben. Mehr hat der Mann sicher noch nicht begriffen. Nun kommen die Pharisäer auf die Idee: Vielleicht war der gar nicht blind. Darum werden die Eltern befragt. Die Eltern wagen nicht einmal, sich richtig darüber zu freuen, dass ihr Sohn nun endlich sehen kann. Sie haben Angst vor einem Ausschluss aus der jüdischen Synagogengemeinde. Einen blindgeborenen Sohn zu haben und damit besonders schwerer Sünde verdächtig zu sein, das war all die Jahre schon schlimm genug.

Ich habe mich gefragt: Was hält eigentlich all diese Leute davon ab, das zu akzeptieren, was wirklich passiert ist, den Schluss zu ziehen, der doch so nahe lag, nämlich dass in Jesus Gott zu ihnen gekommen war? Und ich frage: Was hält heute Menschen zurück, sich ganz auf Jesus einzulassen? Ist es die Furcht, eigene Denkgewohnheiten aufgegeben zu müssen, oder sogar die Angst vor einem veränderten Leben?

Johannes berichtet weiter:

„Da riefen sie noch einmal den Menschen, der blind gewesen war, und sprachen zu ihm: Gib Gott die Ehre! Wir wissen, dass dieser Mensch ein Sünder ist. Er antwortete: Ist er ein Sünder? Das weiß ich nicht; eins aber weiß ich: dass ich blind war und bin nun sehend. Da fragten sie ihn: Was hat er mit dir getan? Wie hat er deine Augen aufgetan? Er antwortete ihnen: Ich habe es euch schon gesagt, und ihr habt's nicht gehört! Was wollt ihr's abermals hören? Wollt ihr auch seine Jünger werden? Da schmähten sie ihn und sprachen: Du bist sein Jünger; wir aber sind Moses Jünger. Wir wissen, dass Gott mit Mose geredet hat; woher aber dieser ist, wissen wir nicht. Der Mensch antwortete und sprach zu ihnen: Das ist verwunderlich, dass ihr nicht wisst, woher er ist, und er hat meine Augen aufgetan. Wir wissen, dass Gott die Sünder nicht erhört; sondern den, der gottesfürchtig ist und seinen Willen tut, den erhört er. Von Anbeginn der Welt

an hat man nicht gehört, dass jemand einem Blind-
geborenen die Augen aufgetan habe. Wäre dieser
nicht von Gott, er könnte nichts tun. Sie antworte-
ten und sprachen zu ihm: Du bist ganz in Sünden
geboren und lehrst uns? Und sie stießen ihn hi-
naus. " (Johannes 9,24 bis 34)

Warum reden die Pharisäer so mit dem nun sehend
gewordenen Mann? Der Mann da vertraut ganz un-
befangen seinem Helfer. Und das macht sie wütend.
Außerdem könnte seine gute Meinung von Jesus andere anstecken. Deswegen wollen sie ihn dazu bringen, von Jesus abzurücken. Aber das gelingt nicht:
Der Mann weiß, was er erlebt hat, und lässt sich seinen Helfer nicht schlecht machen. Also versuchen
sie es anders. Aber der Mann versteht ihre Unter-
scheidung nicht zwischen Jüngern Moses und Jüngern Jesu. Er versteht vor allem nicht, dass plötzlich
nicht mehr gelten soll, was sogar er weiß, der bisher
ein Bettler war: nämlich, dass Gott nur auf den hört,
der seinen Willen tut. Vielleicht ist der Mann ganz
naiv. Vielleicht durchschaut er auch seine Verhörer.
Jedenfalls bekommen sie von ihm lauter Antworten,
die sie sich eigentlich selber geben müssten. Deswegen werden sie am Schluss so zornig und stoßen ihn
schließlich aus ihrer Gemeinschaft hinaus. Doch damit ist die Geschichte dieses Mannes noch nicht zu
Ende. Johannes berichtet noch:

„Es kam vor Jesus, dass sie ihn ausgestoßen hatten.
Und als er ihn fand, fragte er: Glaubst du an den
Menschensohn? Er antwortete und sprach: Herr,
wer ist's? dass ich an ihn glaube. Jesus sprach zu
ihm: Du hast ihn gesehen, und der mit dir redet,
der ist's. Er aber sprach: Herr, ich glaube, und be-

tete ihn an. Und Jesus sprach: Ich bin zum Gericht in diese Welt gekommen, damit, die nicht sehen, sehend werden, und die sehen, blind werden. Das hörten einige der Pharisäer, die bei ihm waren, und fragten ihn: Sind wir denn auch blind? Jesus sprach zu ihnen: Wärt ihr blind, so hättet ihr keine Sünde; weil ihr aber sagt: Wir sind sehend, bleibt eure Sünde." (Johannes 9,35 bis 41)

Das muss man sich mal vorstellen: Da sieht dieser Mann zum ersten Mal die Sonne. Zum ersten Mal eine Rose. Zum ersten Mal einen Vogel, ja zum ersten Mal ein menschliches Gesicht, zum Beispiel die Gesichter seiner Eltern. Trotzdem zeigt seine Begegnung mit Jesus: Wir brauchen zum Leben mehr als körperliche Heilung. Wir brauchen auch Freunde. Erst recht und noch viel mehr brauchen wir Gemeinschaft mit Gott, mit unserem Schöpfer. Jesus kam, um uns diese Verbindung zu Gott zu ermöglichen. Deshalb war für ihn die Heilung der Blindheit nur ein Anfang. Der Mann erfährt in der Begegnung mit Jesus das ganze Erbarmen Gottes und darf nun noch mehr sehen. Nicht nur die Welt um ihn herum, er sieht auf einmal auch in dem Gesicht Jesu das „Licht der Welt". Das hat ihn sozusagen angestrahlt und sein Leben heil gemacht wie noch nie etwas zuvor. Darum geht es Jesus, dass wir ihn als die Sonne des Lebens sehen. Das wünscht sich Jesus von uns. Deshalb vergisst er den von den Pharisäern so schlecht behandelten Mann nicht, sondern er sucht ihn. Er sucht ihn aber nicht, um ihm ein paar freundliche Worte zu sagen. Das hat er sicher auch getan. Doch Jesus will mehr. Er will ihn weiterführen. Er will ihm eine ganz neue Lebensperspektive zeigen. „Nicht dass der Geheilte die Sonne sieht, sondern dass er den Sohn sieht und vor ihm niederstürzt, das allein entscheidet über sein ewiges Schicksal" (E. Stauffer).

Jesus eröffnet das Gespräch mit einer Frage. „Glaubst du an den Menschensohn?" Das ist eine ganz direkte und persönliche Frage. Eine Frage, die keine theoretische Diskussion mehr zulässt. Der Geheilte ist bereit zu glauben, aber er muss zuvor wissen, wer der Menschensohn ist. Diese Frage kann er von sich aus nicht beantworten. Das kann nur Jesus tun, weil er allein das Geheimnis des Menschensohns kennt. Und Jesus offenbart sich dem Geheilten mit den Worten: „Du hast ihn gesehen, und der mit dir redet, der ist es."

Diese Selbstoffenbarung Jesu hat das zweite Wunder bewirkt. Der Mann entdeckt das Geheimnis: Der Menschensohn ist auch der Gottessohn. Jetzt ist dem einst Blinden auch das innere Auge geöffnet, so dass er nunmehr seine Bereitschaft zu glauben in die Tat umsetzt. Er bekennt: „Herr, ich glaube." Dieses schlichte Bekenntnis reicht aus. Dabei ist das Wort „Herr" mehr als nur eine Höflichkeitsformel. Das kommt darin zum Ausdruck, dass der Geheilte vor Jesus niederfällt. Diese Huldigung eröffnet ihm ein ewiges Leben in der Gemeinschaft mit Gott. Jetzt ist seine Heilung vollendet.

So sollen unsere guten Erfahrungen mit Jesus einen ewig gültigen Sinn bekommen. Jesus will die richtige Antwort auf die entscheidende Frage. Sie ist ja möglich. Wenn ich von Jesus Hilfe empfange, kann ich ihm doch auch vertrauen. Jedenfalls ist das meine Erfahrung. Und ich kenne viele andere, die ebenfalls mit ihm positive Erfahrungen gemacht haben, die Jesus kennen gelernt haben als einen, der mehr ist als jeder Mensch. Jesus ist eben nicht einer neben anderen. Er ist auch nicht irgendeine gute Kraft neben anderen guten Kräften, sondern er ist der Eine. Und von ihm geht alles aus. Wenn wir ihn lieben, geben wir uns dem hin, der im göttlichen Bereich zu Hause ist. Dann sind wir auch an diesen Bereich angeschlossen. Jesus sagt herausfordernd: „Ich bin… gekommen, damit, die nicht sehen, sehend werden, und die sehen, blind werden" (Vers 39). Die anwesenden Pharisäer verstehen die Herausforderung sehr wohl. Natürlich meint Jesus es ironisch: Die Pharisäer bilden sich ein, die Sehenden zu sein. Aber sie weichen ihm beharrlich aus. Damit legen sie sich endgültig auf sich selbst fest.

Aber wir brauchen uns nicht über die Pharisäer zu erheben; denn sind wir nicht oft genauso blind für Gottes Werke, obwohl sie vor unseren Augen geschehen? Obwohl sie in unserem eigenen Leben geschehen? Da ist einer nach einem lebensbedrohlichen Unfall wieder heil geworden. Da verlief eine Operation erstaunlich gut. Da hat einer mit dem Auto gerade noch die Kurve gekriegt – aber er sah darin nicht die Güte Gottes, sondern da war es der Zufall oder das Glück. Da fallen dann so Sätze wie: „Da hast du aber noch einmal Schwein gehabt." Oder da war es unsere Fahrtüchtigkeit, unsere eigene Leistung usw. – Dabei wollte Gott uns in dieser Situation begegnen und die Augen auftun für sein Heil. Da werden wir zu Blinden, die, wie Jesus einmal sagt, „sehen und doch nichts erkennen und hören und doch nichts verstehen" – trotz all unserer prächtigen Augen und Sehfähigkeit.

Aber nicht nur mit den Pharisäern sind wir zu vergleichen. Im tiefsten Grunde auch mit dem Blindgeborenen. So sind wir Menschen von Natur aus. Denn wir sind blind für das entscheidende Licht dieser Welt. Blind, unsere Rettung zu erkennen, wenn Gott uns nicht sein Licht schenkt und unsere inneren Augen für ihn aufschließt und uns sehend macht.

Und auch das andere gibt es, dass einer spürt: Diese Sache geht mich etwas an. An diesem Jesus kann ich nicht so einfach vorbeigehen. Trotzdem geht er dann vorbei. Weil wir Menschen uns tatsächlich seinem göttlichen Licht entziehen können. Wir sind frei. Über lichtscheues Gesindel wird meistens hart geurteilt. In der Begegnung mit Jesus sind wir gefragt, ob wir zu diesem lichtscheuen Gesindel gehören, ob wir uns selbst ausschließen vom Licht Gottes. Jesus hat bei einer anderen Gelegenheit gesagt: „Das ist aber das Gericht, dass das Licht in die Welt gekommen ist, und die Menschen liebten die Finsternis mehr als das Licht" (Johannes 3,19).

Ich denke in diesem Zusammenhang an die neun Aussätzigen, die die Heilung durch Jesus annahmen, aber ihn selbst für überflüssig hielten, denn von den zehn Aussätzigen, die geheilt wurden, bedankte sich bei ihm nur einer. Danach fragte Jesus sehr deutlich: „Wo sind aber die neun?" (Lukas 17,17) und er tadelte sie streng, dass sie Gott nicht die Ehre (Vers 18) gaben. Diese neun Geheilten meinten auch, die Verbindung mit Jesus nicht nötig zu haben. So auch die Pharisäer. Obwohl sie dieses große Wunder erleben, gehen sie ganz selbstbewusst zur Tagesordnung über. Doch wer die Verbindung mit Jesus – und das heißt, die Verbindung mit Gott -wer diese Gemeinschaft verschmäht, richtet sich selbst. So scheiden sich an Jesus die Geister – damals und heute.

Doch Jesus möchte helfen, möchte heilen. Deshalb lädt er Menschen, die dabei sind ihr Lebensziel zu verfehlen, ein, umzukehren und einen neuen Kurs einzuschlagen. So wie er damals vor 2000 Jahren auch dem Theologen, dem Pharisäer Saulus vor den Toren der Stadt Damaskus begegnet ist. Einem Mann, der in seiner Frömmigkeit meinte, Gutes zu tun, wenn er die ersten Nachfolger Jesu verfolgte, und dem der auferstandene Jesus Christus in einer Vision begegnete und ihn zur Umkehr rief. Saulus ließ sich rufen, ließ sich von Jesus seine Schuld vergeben und folgte dann nur noch ihm nach, so dass er später in einem Brief schreiben konnte. „Das ist gewisslich wahr und ein Wort des Glaubens wert, dass Christus Jesus in die Welt gekommen ist, die Sünder selig zu machen, unter denen ich der erste bin" (1. Timotheus 1,15). So wurde aus dem Christenverfolger Saulus später der große Heidenmissionar Paulus, den Gott dazu gebrauchte, im Nahen Osten, in Vorderasien bis nach Europa hinein seine Geschichte zu schreiben, sein Licht in diese dunkle Welt zu bringen. Saulus hat die Warnung Jesu rechtzeitig gehört und ernst genommen.

Eine Welt ohne Gott, d. h. ohne Hoffnung auf die Zukunft, ohne Auferstehung und ewiges Leben ist so dunkel, dass eigentlich jeder, der das erkennt, versuchen müsste, aus dieser Aussichtslosigkeit herauszukommen. Doch viele sehen diese Dunkelheit nicht. Aber auch nicht alle, die diese Dunkelheit sehen, gehen auf Jesus zu. Die Nacht, von der Jesus am Anfang zu seinen Jüngern sprach: „Es kommt die Nacht, da niemand wirken kann" (Johannes 9,4), diese Nacht verdichtet sich anscheinend immer mehr. Ich jedenfalls werde den Eindruck nicht los, dass diese Welt immer dunkler wird. Und allzuviele haben vielleicht schon eine falsche Entscheidung getroffen. Nicht wenige sind zwar von Jesus beeindruckt, aber sie tun – aus welchen Gründen auch immer – nicht den entscheidenden Schritt auf ihn zu. Sie lassen sich zwar von ihm helfen, so wie das die zehn Aussätzigen getan haben, doch sie gleichen eher den neun, die sich nicht bei ihm bedankt haben. Ihnen geht es gut, doch sie kommen nicht darauf, dass ihnen zum vollkommenen

Glück nur noch das eine fehlt: die Verbindung mit Gott. Aber das sieht eben mancher anders. So kann die Begegnung mit Jesus Einladung und Rettung sein oder vergebliche Warnung und Verlorenheit.

Wer sich wie der Blinde auf Jesus einlässt, erfährt Heilung. Nicht immer auch körperlich, aber auf jeden Fall lernt er Jesus richtig kennen und bekommt damit ein sinnvolles Leben. Und wer sich warnen lässt wie der Pharisäer Saulus, macht die Erfahrung, dass ein Leben mit Jesus in einer Welt, in der viele Gott ablehnen, etwas ganz anderes bedeutet als das übliche Dahinleben. Wer Jesus allerdings ablehnt, muss sich seine Worte sagen lassen: „Ich bin zum Gericht in diese Welt gekommen, damit, die nicht sehen, sehend werden, und die sehen, blind werden" (Vers 39).

Der Blinde damals hat seine Entscheidung getroffen. Paulus hat seine Entscheidung auch für Jesus getroffen. Und die Pharisäer haben ihre Entscheidung auch getroffen – gegen Jesus. Heute sind wir gefragt. Vielleicht wollen Sie sich so wie ich der Bitte des Arztes Christian-Friedrich Richter anschließen. Er hat gebetet in einem Lied: „Jesu, gib gesunde Augen, die was taugen. Rühre meine Augen an, denn das ist die größte Plage, wenn am Tage man das Licht nicht sehen kann" (EKG 266,7).

Das kann doch nicht alles gewesen sein…

Laubhüttenfest in Jerusalem. Ein großes Fest. Ein traditionsreiches Fest. Die Juden denken an ihre Vorfahren. Sie denken daran, wie Gott ihr Volk von der Herrschaft der Ägypter befreit hat, wie er sie auf erstaunliche Weise durch die Wüste geführt hat. Sie danken Gott dafür. Zugleich feiern sie die Weinlese und den Erntedank. Dabei geht es fröhlich und ausgelassen zu. Doch in diesem Jahr beschäftigen sich einige Festteilnehmer noch mit einem ganz anderes Ereignis. Der Wanderprediger Jesus von Nazareth ist in der Stadt. Einige halten ihn sogar für den Messias, für den direkt von Gott gekommenen Heilsbringer. In den letzten Tagen hat dieser Jesus im Brennpunkt heftiger Auseinandersetzungen gestanden. Die Frage ist: Wird er wenigstens heute, am letzten Tag des Festes, Ruhe geben?

Heute sind die Priester schon am frühen Morgen losgegangen, um Wasser aus der Siloah-Quelle zu holen. Nun kommen sie zurück. In einer Prozession tragen sie das Wasser in einer Kanne zum Brandopferaltar hinaus. Und dann gießen sie es darauf. Dieser fromme Brauch ruft den Juden eine alte Geschichte ins Gedächtnis. Sie erinnern sich an den Tag, als Gott in der Wüste aus einem Felsen Wasser fließen ließ, um das Volk Israel vor dem Verdursten zu retten. Außerdem ist mit dieser Zeremonie die Bitte um Regen verbunden. Gott soll auch in Zukunft Regen schenken, damit Volk und Land keinen Durst leiden müssen.

Da beginnt plötzlich einer laut zu rufen. Mitten

hinein in die Begeisterung der Menschen, trotz der Posaunenklänge. Ohne Rücksicht auf diese feierliche Atmosphäre schreit er: *„Wen da dürstet, der komme zu mir und trinke!"* (Joh. 7, Vers 37)

„Schon wieder dieser Jesus", denken manche. „Und was er sich jetzt anmaßt! Den Durst nach Leben will er stillen. Ist er noch ernst zu nehmen? Oder ist er etwa doch der Messias? Kann er tatsächlich unsere ungestillte Sehnsucht erfüllen?"

Ja, wie ist das mit der ungestillten Sehnsucht? Wovon lebt der Mensch? Was gibt dem Dasein letztlich Sinn? In seinem Roman „Krebsstation" beschreibt Alexander Solschenizyn einen Mann. Jefrem heißt er. Solschenizyn erzählt, wie dieser ungehobelte Bursche durch den Krankensaal geht und alle Menschen fragt, wovon sie denn nun leben. „Von der Luft", meint einer. „Vom Wasser und vom Essen", ein anderer. „Vom Arbeitslohn oder von der Qualifikation", meinen wieder andere. Jefrem gibt sich nicht zufrieden. „Von der Heimat", meint einer. „Daheim ist alles leichter." Jefrem fragt nun den Parteifunktionär, der gerade ein Hühnerbein abnagt. „Darüber kann doch kein Zweifel sein", erwidert er ohne Zögern, „die Menschen leben von der Ideologie und den gesellschaftlichen Interessen."

Reicht das aus? Was ist der Sinn des Lebens? Wofür, wozu leben wir? Das Tier kann eine solche Frage nicht stellen. Jefrem in Solschenizyns Roman hat es erfahren: Die einen leben in den Tag hinein, die anderen machen sich ständig Gedanken. Die einen klammern sich an die Heimat, an die Arbeit, an Essen und Trinken, die anderen an eine Ideologie. Ist das alles, wenn der Tod auf der „Krebsstation" ständiger Begleiter ist?

Jesus gibt uns eine umfassende Antwort auf den

Sinn unseres Lebens. Er sagt: „Wen da dürstet, der komme zu mir und trinke."

Von den Geschichten über Jesus, die Sie in der Kirche und Schule gehört haben, ist vielleicht einiges bei Ihnen hängengeblieben. Jesus ist Ihnen nicht unbekannt. Aber was hat das für Sie gebracht? Diese Einladung, zu ihm zu kommen und zu trinken? Oder ist all das, was mit Jesus zu tun hat, für Sie mit einem faden Beigeschmack verbunden, so wie ein Glas Wasser schmeckt, wenn es längere Zeit in der Sonne gestanden hat? Obwohl Jesus ja sprudelndes Leben schenken will. Und danach sehnen sich auch viele Menschen. Jeder will glücklich sein. Es ist gar kein Zweifel, dass dieser Wunsch nach Glück eine Hauptantriebskraft ist, die uns Menschen in Gang hält, die unser Leben auf ganz bestimmte Ziele hin ausrichtet. Ich behaupte, jeder will Glück. Und ein Leben, in dem es kein Glück gibt, erscheint vielen als ein verfehltes, als ein verpfuschtes Leben.

Nun denken manche Zeitgenossen, Gott gönne ihnen das Glücklichsein nicht. Es ist aber ein ausgesprochenes Missverständnis, wenn man meint, der christliche Glaube habe nichts mit dem Glück des Menschen zu tun. In der Bibel ist schon auf den ersten Blättern zu lesen: Der Mensch ist tatsächlich ein Wesen, das von der Schöpfung her als ein glückliches Wesen geplant war.

Zwei Beispiele dafür: Ist es nicht ein großartiges Geschenk, ein wirkliches Glück, zu wissen: Jesus hat mich von meiner Schuld befreit! Oder unter dem Segen Gottes zu leben, also zu wissen: Dieser Gott geht auch mit mir in den Alltag! Das sind nur zwei Beispiele von vielen, die zeigen, wieviel Gott daran liegt, dass ich glücklich bin.

Allerdings wird in der Bibel deutlich, dass Gott unter Glück etwas anderes versteht als nur den Genuss des Lebens oder das, was wir heutzutage Wohlstand nennen. Verstehen Sie mich jetzt bitte nicht falsch. Ich will Ihnen kein Unbehagen über Ihren Wohlstand einreden. Doch die menschliche Arbeitsgeschichte begann auf dem mühsam bebauten Stück Acker. Zur Austreibung der ersten Menschen aus dem Paradies gehört der bitter-schwere Satz: „Im Schweiß deines Angesichts sollst du dein Brot essen." Dieses Brotessen hat mittlerweile andere Formen angenommen. Ging es im Zweiten Weltkrieg und nach dem Krieg für viele ausschließlich darum, sich das Existenzminimum zu erkämpfen, also genug zu essen und zu trinken zu haben, Wohnung, Arbeit und wenn möglich auch noch einigermaßen gesund, so geht es heute doch für viele um Wohlstand. Wohlstand ist und bleibt das Ziel der Wirtschaft. Wohlstand ist immerhin ein nobleres und menschlicheres Ziel als Klassenkampf oder Diktatur. Allerdings: Wehe uns, wenn Wohlstand das Ziel menschlichen Lebens schlechthin sein soll! Denn unser Glück ist eine Sache, die sich nicht machen und auch gar nicht kaufen lässt. Dieses Glück ist letztlich ein Geschenk.

Aber darauf muss ich erst einmal kommen. Viele kommen nicht darauf und sehnen sich deshalb immer und immer wieder nach diesem Glück. Vielleicht sehnen sich sogar alle danach.

Ich jedenfalls kenne keinen Menschen, der sich nicht irgendwann einmal nach einem wirklich befriedigenden Leben gesehnt hat. Aber ich kenne Menschen, die schon mehrere Wege ausprobiert haben, um diesen Lebensdurst zu löschen. Und ich muss an einige denken, die dabei – im Bild gesprochen – an ungenießbares Wasser geraten sind.

Ich habe einen jungen Mann vor Augen, der durch sogenannte gute Freunde an Rauschgift geriet. Auf seinen Drogentripps wurde er seine Wut über unsere Gesellschaft nicht los. Aber den Blick für seine berufliche Ausbildung verlor er immer mehr. Das ist ja das Gefährliche. Ich kann ganz leicht den nüchternen Blick verlieren. Nicht alles, was mir eine erfüllte Existenz verheißt, kann diesem Anspruch gerecht werden. Manches, was mir das höchste Glück verspricht, bedroht in Wirklichkeit mein Leben.

Jetzt können Sie denken: „Das mit dem jungen Mann, der an die Drogen geraten ist, das ist traurig, ich aber führe ein normales Leben. Ich habe meinen Ehepartner und meine Kinder, einige gute Freunde, und sinnvolle Aufgaben fehlen mir auch nicht. Aber die Frage nach Leben, die kenne ich auch. Ich kenne Stunden, in denen ich gespürt habe: Es reicht nicht, wenn das Haus und der Garten tipp-topp in Ordnung sind, wenn ich keine finanziellen Sorgen habe, wenn vom Auto bis zur Geschirrspülmaschine alles da ist, wenn es sogar in der Ehe und mit den Kindern keine ernsten Probleme gibt."

Damit wir uns nicht falsch verstehen: Es ist schön, wenn ich mir bestimmte materielle Wünsche erfüllen kann. Es ist für mich noch schöner, wenn ich mit Freunden zusammen einen interessanten Abend verlebe. Aber – das ist zumindest meine Erfahrung – es bleibt ein Restdurst nach Leben. So will ich das mal nennen. Dieser Restdurst ist die Sehnsucht des Menschen nach Gott. Ich bin nicht der erste, der davon spricht. Schon vor ein paar tausend Jahren hat einer gesagt: *„Meine Seele dürstet nach Gott, nach dem lebendigen Gott"* (Psalm 42,3).

Durst nach Gott. Nicht nach einem Gott, von dem keiner etwas Genaues weiß. Auch nicht Durst nach einem Gott, der irgendeine Idee ist. Nein, Durst nach dem lebendigen Gott. Der Mann, der nach dem „lebendigen Gott" dürstete, dachte dabei an den Gott, der diese Welt geschaffen hat, der auch uns Menschen geschaffen hat. Und dieser Mann hat sich gesagt: „Wenn dieser Gott mich geschaffen hat, also mein Schöpfer ist, dann kann er auch – und zwar nur er – meinen Durst nach Leben stillen."

Das habe ich im 42. Psalm der Bibel gelesen. Dem Mann ging es schlecht. Er hätte auch zu sich sagen können: „Wenn ich nur wieder gesund bin, dann ist alles gut. Wenn mich die anderen nicht mehr ärgern, will ich zufrieden sein. Wenn ich genug Geld hätte, würde ich nicht klagen."

Doch gerade so redet er nicht. Warum? Ich kann es mir nur so erklären. Er wusste: „Auch wenn ich gesund wäre, auch wenn ich nur gute Freunde hätte, auch wenn ich viel Geld hätte – ein letzter fader Geschmack würde bleiben. Ohne meinen Schöpfer kann ich, sein Geschöpf, kein zufriedenes Leben führen." So muss er gedacht haben. Deshalb schreit er zu Gott.

Der Liedermacher Wolf Biermann hat diesen Durst mit anderen Worten beschrieben: „Das kann doch nicht alles gewesen sein, das bisschen Regen und Sonnenschein. Da muss es doch noch etwas geben im Leben – eben." Genau deshalb ruft Jesus mitten hinein in diesen frommen Brauch: *„Wen da dürstet, der komme zu mir und trinke."* (Joh. 7, 37) Er selbst macht sich eindeutig und unüberhörbar zur Quelle – für die Menschen damals – und für uns heute.

Warum sehen viele so wenig von dieser Wirklichkeit, von diesem Glück, von den Strömen lebendigen Wassers? Ich denke, es liegt daran, weil sie vor lauter Durst den wirklichen Durst nicht mehr kennen. Sie werden durch ein derart raffiniertes Reizangebot durcheinandergebracht, dass sie sich in sich selber nicht mehr auskennen. Ist es nicht so: Was uns glücklich macht, sind kurze Augenblicke, sind Begegnungen und Gespräche mit Menschen, die uns verstehen, oder es ist ein Blick am Morgen in die schöne Natur, die Freude über ein Kind, das staunend strahlt – nur Augenblicke. Dann dürsten wir weiter nach Lebensfreude, brauchen Mut und Hoffnung – es sei denn, wir kennen die wahre Quelle.

In allen, die sie nicht kennen, brennt meines Erachtens nur die große Sehnsucht: der Durst nach Liebe. Sie haben vor sich nur das Bild einer enttäuschten und verzweifelten Menschheit, und in diesem unstillbaren Durst wenden sie sich immer wieder an die falsche Adresse. Warum gehen sie nicht dorthin, wo die Liebe in Person auf sie wartet? Warum lassen diese Menschen den unbeachtet stehen, der einlädt und ruft: „Wen da dürstet, der komme zu mir und trinke." Da ist diese Liebe. Da ist das Herz, das sich uns nie verschließt. Da ist die Tür, die für uns aufgeht. Es gibt tatsächlich den einen, der bleibt, wenn die vielen gehen und wechseln. Bei ihm ist soviel Liebe in Vorrat, dass es uns allen reicht – und für immer. Jesus Christus bürgt dafür, dass bei ihm keiner zu kurz kommt. Aber um das zu erfahren, muss ich mich auf ihn einlassen.

Mit wem rede ich über meinen Durst nach Leben? Jesus sagt: *„Wen da dürstet, der komme zu mir und trinke"*(Joh. 7, Vers 37). Jesus will, dass ich weiß, wozu ich da bin, dass es mir Freude macht zu leben. Er kennt dazu nur ein Rezept: „Wer durstig ist, der komme zu mir und trinke."

Hinter diesem Namen Jesus steckt viel. Ein einzigartiger Anspruch. Jesus behauptet: „Ich komme von Gott, von dem Gott, zu dem ihr Menschen betet."

Ich denke an seine Kreuzigung. Auch an seine Auferstehung. Jesu Einladung hört sich für mich so an: „Komm zu mir, ich stille deinen Durst nach Leben. Ich kann das, weil ich der Herr über Leben und Tod bin." Jesus bringt zum Ausdruck: „Ich selbst bin das Angebot, das ‚Wasser des Lebens'. Weil ich im Namen und Auftrag Gottes komme, deshalb kann ich euch einladen: ‚Wen da dürstet, der komme zu mir.'"

Es fällt mir nicht schwer, mir einen Durstigen vorzustellen, der endlich etwas zu trinken bekommt. Aber wie geht das zu, wenn Jesus meinen Durst nach Leben stillt? Jesus sagt hier nicht, was im Einzelnen passiert und was dann mit mir geschieht, wenn ich zu ihm komme. Er sagt nur, dass er da ist – und Gott in ihm. So sieht seine Hilfe aus: Er ist einfach da. Jesus hat keine Werbekampagne durchgeführt. Er hat keinem Menschen ein langes und problemloses Leben versprochen. Aber er hat allen versprochen, die zu ihm kommen, dass Gott in ihm zu finden ist, dass er ihnen nahe sein wird. Er hat zugesagt, dass Menschen, die sich von ihm rufen lassen und ihm vertrauen, etwas spüren von Gott und seiner Barmherzigkeit. Jesus lädt uns ein: *„Wer durstig ist, der komme zu mir und trinke."*

Noch einmal frage ich: Wie komme ich aber heute zu Jesus? Ich will Ihnen erzählen, wie ich das verstehe, wie ich das seit etlichen Jahren mache. Ich nehme mir zum Beispiel Zeit, in aller Ruhe ein Wort Jesu zu lesen, es auf mich wirken zu lassen, zu überlegen, was ich davon habe und wie ich es in die Praxis umsetze. So habe ich erst kürzlich erlebt, wie Jesu Aufforderung zur Nächstenliebe meine Einstellung zu einem andersdenkenden Bekannten positiv verändert hat. Manchmal ist es auch der Gottesdienst am Sonntag, der auf mich wie eine solche belebende Quelle wirkt.

Ich fühle mich ermutigt. Durch eine Liedstrophe oder eine Aussage in der Predigt werde ich in Bewegung gesetzt.

Ich habe entdeckt, dass manchmal auch ein Gebet die angemesene Antwort auf Jesu Einladung ist. Ein Gebet, das sinngemäß so lauten kann: „Herr, du weißt, wie es mir geht. Du kennst auch mein oft so fades Leben. Zeig mir einen Weg, wie es anders werden kann. Hilf mir, dir zu vertrauen, zu begreifen, was du willst, was gut für mich ist."

Es mag sein, dass Sie so nicht beten wollen. Dann sprechen Sie doch einfach das aus, was Sie bewegt. Sagen Sie direkt, was Ihnen zu schaffen macht oder was Sie nicht verstehen. Das Gebet ist ein Schritt auf Jesus zu. So können Sie ihm näher kommen. So kann Ihr Glaube an Jesus wachsen. Mir jedenfalls hilft das, hat es schon oft weitergeholfen. Daran hat sich für mich gezeigt, dass Jesus hält, was er verspricht.

Victor E. Frankl, ein Psychotherapeut, antwortete einem Verzweifelten, der an der Frage nach dem Sinn des Lebens zu zerbrechen drohte: „Durst ist der sicherste Beweis für die Existenz von Wasser. Wie könnte der Mensch Durst empfinden, wenn es kein Wasser gäbe? Und wie könnte der Mensch nach dem Sinn des Lebens auch nur fragen, wenn es ihn wirklich nicht gäbe?"

Ich kenne Menschen, die halten diese Frage nach dem Sinn des Lebens für Unsinn. Sie hinterfragen alles. Nirgendwo sehen sie eine Antwort. Und diese Skepsis hat sich bei vielen Zeitgenossen breitgemacht. Skepsis bedeutet in Wirklichkeit: sich der Wahrheit stellen. Der wahre Skeptiker stellt sich der Wahrheit. Deshalb wagt er es mit Jesus Christus. Diesen Schritt kann ich Ihnen auch nur empfehlen, wenn Sie ihn nicht schon getan haben. Millionen Menschen vor uns und neben uns haben sich schon auf Jesus Christus eingelassen und so in ihm den Sinn des Lebens kennengelernt.

Doch die Rede Jesu geht ja noch weiter. Er spricht ja nicht nur diese Einladung aus. Er sagt außerdem: *„Wer an mich glaubt, wie die Schrift sagt, von dessen Leib werden Ströme lebendigen Wassers fließen"* (Joh. 7, Vers 38). Mit anderen Worten sagt Jesus: Wenn einer an mich glaubt, macht sich das in seinem Leben bemerkbar. Oder wenn Sie an meinen Vorschlag mit dem Gebet denken: Wenn ein Ehemann anfängt, zu Jesus zu beten, fällt das irgendwann seiner Ehefrau auf. Warum? Weil er die Möglichkeit hat, seine Sorgen auszusprechen. Weil er diese Quelle kennt und sie nutzt. Das bekommt seine Frau mit. Das spüren auch die Kinder. Das habe ich bei einer Familie gesehen. Sogar ein Nachbar, der sich darüber wunderte, dass der Mann auf einmal zur Kirche ging, sagte: „Das ist erstaunlich. Bei denen weht jetzt ein ganz anderer Wind. Die verstehen sich wieder. Und vor einigen Monaten sah alles noch nach Scheidung aus."

Oder ich denke an einen Bekannten. Von dem sagen die Arbeitskollegen: „Er verliert nicht den Humor, wenn andere die Köpfe hängen lassen. Er behält die Geduld, wenn andere nervös werden. Er gibt seine Kollegen nicht auf, wenn andere sie verurteilen."

Wer aus der Quelle schöpft, zu der Jesus einlädt, der wird eben mit neuen Kräften begabt. Das fällt auf. Nicht dass sich der Christ damit wichtig tun sollte. Und einer, der Worte Jesu in die Tat umsetzt, eignet sich auch nicht zum Vorzeigen. Aber es macht schon einen Unterschied, ob man zum Beispiel einem Lehrer in der Schule anmerkt, dass er etwas von der Vergebung weiß, davon, dass bei Gott die Gnade das letzte

Wort hat – und nicht das, was wir Menschen Gerechtigkeit nennen – und dass er dementsprechend dann auch seine Schüler behandelt, ihnen eben nicht nur nach ihren Noten Zuwendung schenkt. Das gibt es tatsächlich immer wieder, dass an der göttlichen Quelle nicht nur einer seinen Durst löscht, sondern der Glaube des Einzelnen selbst wieder zur Quelle für andere wird. Daraus muss nicht gleich ein riesiger Strom werden. Auch das Wasser aus einem kleinen Bergbach erfrischt ja schon.

Diese Quelle, dieser Jesus, ist für alle Menschen da. Jeder, der mit ihm in Kontakt kommen will, kann darum bitten. Aber eins erwartet Jesus: Ich muss mich auf den Weg machen. Ich muss auf ihn zugehen. Das Gebet ist ein möglicher erster Schritt. Weitere Schritte werden dann folgen. Ich habe vor etlichen Jahren, als ich diesen Schritt getan habe, erlebt, wie meine Freude am Leben zunahm, wie die Enttäuschung einer Zufriedenheit gewichen ist, wie sich meine Mutlosigkeit in Hoffnung wandelte. Jesus hat versprochen, dass er alle beleben wird, die zu ihm kommen.

Erinnern Sie sich nur an das, was ich Ihnen von dem Familienvater erzählt habe, und an das Verhalten meines Bekannten am Arbeitsplatz. Erinnern Sie sich auch an die zwölf Männer, die von Jesus in die Welt geschickt wurden. Außer ihren Jahren mit Jesus konnten sie nichts vorzeigen. Aber welche Wirkungen sind von diesen ersten Nachfolgern Jesu ausgegangen! Wie haben diese ersten Christen vorherrschende Meinungen erschüttert, heidnische Götzen vom Thron gestürzt, Spötter zum Schweigen gebracht, um nur einige Beispiele zu nennen. Und das nur mit den Worten Jesu. Und das hat sich fortgesetzt durch zwei Jahrtausende hindurch. Und noch heute verändert dieser Jesus die Menschen. Er macht aus mir einen, der die

Quelle des Lebens kennt, der Frieden mit sich selbst hat und auch für andere da sein kann.

Wer diesem Jesus vertraut, muss nicht mehr unter dem Durst nach Leben leiden, der wird das Leben haben.

Gott – wie kann sich mein Leben ändern?

Ich lade Sie ein, mit mir über die Frage nachzudenken: Wie kann sich mein Leben ändern? Dazu hat der Heidenmissionar Paulus den Christen in Korinth geschrieben: „Wenn jemand Jesus Christus nachfolgt, dann gilt für sein Leben: ‚Das Alte ist vergangenen; siehe, Neues ist geworden‘ " (2. Korinther 5,17). Das hat auch der Mann erfahren, von dem der Evangelist Lukas berichtet, und das kann jeder Mensch erfahren.

Hören wir dazu aus dem Lukasevangelium im 19. Kapitel die Verse 1 bis 10:

„Und er ging nach Jericho hinein und zog hindurch. Und siehe, da war ein Mann mit Namen Zachäus, der war ein Oberer der Zöllner und war reich. Und er begehrte, Jesus zu sehen, wer er wäre, und konnte es nicht wegen der Menge; denn er war klein von Gestalt. Und er lief voraus und stieg auf einen Maulbeerbaum, um ihn zu sehen; denn dort sollte er durchkommen. Und als Jesus an die Stelle kam, sah er auf und sprach zu ihm: Zachäus, steig eilend herunter; denn ich muss heute in deinem Haus einkehren. Und er stieg eilend herunter und nahm ihn auf mit Freuden. Als sie das sahen, murrten sie alle und sprachen: Bei einem Sünder ist er eingekehrt. Zachäus aber trat vor den Herrn und sprach: Siehe, Herr, die Hälfte von meinem Besitz gebe ich den Armen, und wenn ich jemanden betrogen habe, so gebe ich es vierfach zurück. Jesus aber sprach

zu ihm: Heute ist diesem Hause Heil widerfahren,
denn auch er ist Abrahams Sohn. Denn der Men-
schensohn ist gekommen, zu suchen und selig zu
machen, was verloren ist."

Das ist die wunderbare Geschichte von einem Menschen, der mit seiner Vergangenheit fertig geworden
ist, weil Jesus sein Leben verändert hat , und der deshalb guten Mutes in die Zukunft gehen konnte. Nun
aber der Reihe nach.

Ausgerechnet auf einem Maulbeerbaum fängt alles
an. Und dieser Maulbeerbaum stand in Jericho. Jericho verdankte seinen weltweiten Ruf als Stadt der
Feigen und des Balsams und des Weins den Römern.
Und vor allem verkehrsmäßig war Jericho nicht unwichtig. Und wo Grenzen sind, da gibt es Zoll und
Zöllner. Die römische Staatskasse war unersättlich.
Was die Steuern nicht brachten, das mussten die Zölle
bringen. Und so kassierten die Römer an vielen Stellen des Landes Zoll. Selbstverständlich taten sie das
nicht selber, sondern hatten dafür ihre Leute, Einhei-
mische, die mit der Besatzungsmacht zusammenar-
beiteten. Einer davon war Zachäus. Er war der Chef
der Grenzbehörde.

„…und [er] war reich" heißt es. Diese Zollbeam-
ten waren am Gewinn beteiligt und machten, was
die Römer wenig interessierte, noch den entsprechen-
den Reibach für die eigene Tasche. Vor allem dann,
wenn er wie Zachäus mehrere Zollstationen unter sich
hatte. Und der Tüchtige brachte es da eben weiter als
der Gemütvolle. Auf diesem Wege hatte Zachäus die
höchste Stufe in seinem Beruf erklommen und war
daher sicher einer der meistgehassten Männer in seinem Bezirk. Aber sein beruflicher Umgang mit den
Römern machte ihn nicht nur verhasst bei seinen Mit-

menschen, er machte ihn auch in religiöser Hinsicht kultisch unrein. Er gehörte nicht mehr zur Gemeinde Gottes. Aus dem Grund wurden die Zöllner damals in einer Reihe mit den Räubern und Ehebrechern genannt. Zachäus war mächtig und reich – aber was für ein Preis! Ein Aussätziger war besser dran. Der konnte wenigstens mit Mitleid und Mitgefühl rechnen.

Warum er bloß Jesus sehen wollte? Bisher hat er doch nur sich selbst gesehen. Wollte er Jesus aus Neugierde sehen? „Er begehrte Jesus zu sehen, wer er wäre." Auf jeden Fall wollte Zachäus Jesus unter allen Umständen sehen und ließ sich durch nichts von diesem Plan abbringen.

Möglicherweise hatte Zachäus sein Beruf einsam gemacht, da er sich durch sein Verhalten selbst aus der Gesellschaft ausgeschlossen hatte. Die einen wollten nichts von ihm wissen, für die anderen hatte er keine Zeit. Hinter seiner Neugier steckt offenbar doch mehr. Er ist von einer inneren Unruhe ergriffen: „Ich muss unbedingt diesen Jesus sehen." Vielleicht wusste er nicht einmal genau, warum, aber irgendetwas muss es ja schon gewesen sein.

Vielleicht sind Sie auch in einer Krise. Vielleicht sind Sie auch neugierig auf Jesus. Sie sagen: „So wie es jetzt mit meinem Leben ist, so kann es nicht mehr weitergehen. Ich wollte etwas werden, beruflich vorankommen, Karriere machen, viel verdienen, Positionen erreichen. – Und ich habe ja auch was erreicht und trotzdem bin ich nicht glücklich. Eigentlich wollte ich doch etwas ganz anderes. Was habe ich denn bisher von meinem Leben gehabt? War das so sinnvoll?"

Für Zachäus läutete der Baum die Besinnungspause ein. Irgendetwas muss ihn umgetrieben haben, denn kein Mensch – und schon gar nicht der Boss der

Jerichoer Finanzbehörde – demonstriert ohne Not, dass er körperlich ein bisschen zurückgeblieben ist und setzt sich freiwillig in einen Maulbeerbaum. „Mit höchster Besoldungsgruppe auf einem Ast hocken, das ist schon peinlich", hat ein Bibelausleger dazu bemerkt.

Ich ersehe aus all dem: Menschen haben auch geistliche Bedürfnisse. Die Gottesfrage kommt selbst bei hoher Stellung und bei Reichtum nicht zum Schweigen. Weder ein unstetes Leben, noch irgendeine Sünde kann die Gottesfrage im Menschen töten. Das Verlangen wird eines Tages so stark, dass vieles in Kauf genommen wird, um den Weg zu Jesus zu finden. Der Spott der anderen stört dann nicht mehr. Die Begegnung mit Jesus ist für Zachäus jedenfalls kein Mittel, sich gesellschaftlich zu etablieren, sondern das Kommen Jesu bringt ihn zunächst in eine blamable Situation. Seine genauen Beweggründe wissen wir aber nicht. Man weiß sie eigentlich nie. Und doch geschieht es, dass Menschen, von denen man es oft kaum gedacht hätte, auf einmal Jesus entdecken.

Ich denke an einen Polizeifotografen, der mir erzählte, er habe bei uns im Evangeliums-Rundfunk eine Sendung gehört, in der ein ehemaliger Verbrecher geschildert hatte, wie er Jesus Christus kennenlernte. Der Polizeifotograf sagte zu mir: „Ich kannte diesen Verbrecher. Ich hätte alles für möglich gehalten, nur nicht, dass der jemals Jesus Christus kennenlernen würde."

Man kann fragen: Wer sucht hier wen? Hier haben beide gesucht. Zachäus suchte Jesus und Jesus suchte Zachäus. Hier wird etwas deutlich vom göttlichen Handeln an einem Menschen, ehe sich dieser auf den Weg zu Jesus macht. Immer sucht Jesus uns zuerst. Das Wollen und das Vollbringen schafft er. Das ist der große Unterschied des Christentums zu allen Weltreligionen: Das Fragen und Suchen ist nicht das Letzte. Eine andere Hand, die göttliche Hand, ergreift die Hand des Suchenden und übernimmt die Führung.

Und diese Führung beginnt so: Jesus sieht Zachäus. Hier begegnet uns das Wunder des Evangeliums: Nämlich nicht nur wir Menschen sind auf dem Wege. Es kommt uns auch einer entgegen, der uns kennt. Wenn wir noch gar nichts von ihm wissen, so weiß er bereits alles über uns.

„Und als Jesus an die Stelle kam, sah er auf und sprach zu ihm: Zachäus, steig eilend herunter, denn ich muss heute in deinem Haus einkehren." Zachäus wird nicht wenig gestaunt haben, als er mit seinem Namen angeredet wurde – „Zachäus", was wohl von Sacharja die Kurzform bildet und etwa sagen will: „Gott denkt an mich". Diese Verheißung beginnt sich nun zu erfüllen.

Jesus nennt ihn beim Namen. Jesus sagt nicht: „Was habe ich denn von dir gehört, Zachäus?" Er sagt auch nicht: „Schließ deine Zollbude ab und mach was Anständiges." Nein, er sagt einfach und ohne Vorbedingungen: „Ich muss heute in deinem Haus einkehren."

Es ist ein ganz großer Unterschied, ob ich bei jemandem einkehre oder zu Gast bin. Wenn ich bei jemandem zu Gast bin, dann ist der andere der Gastgeber, der Handelnde, der Gebende also und ich bin der Empfangende, der die Gastfreundschaft Empfangende. Kehre ich aber bei jemandem ein, dann bin ich es, der handelt, der etwas gibt, nämlich meine Gegenwart, und der andere ist der Empfangende.

Jesus, dessen Liebe Himmel und Erde umfasst, sieht den, der zwischen Himmel und Erde hängt. Er hört auch den stummen Schrei und die leise Hoffnung bleibt ihm nicht verborgen.

Das ist ein weiteres Wunder, das Zachäus wider-fährt. Diesem Jesus geht es nicht um die anonyme Masse der Gaffer und Klatscher. Für Jesus ist jeder Mensch ein unverwechselbares Geschöpf seines Vaters im Himmel, das er sucht und das er in das Kindschaftsverhältnis zum Vater im Himmel zurückbringen will.

Nur für unseren menschlichen Blick gibt es hoffnungslose Fälle. Gottes Möglichkeiten dagegen sind nicht zu Ende, wo für uns jede Hoffnung an ihre Grenze geraten ist. Wo wir am Ende sind, fangen Gottes Möglichkeiten manchmal erst an, eben da, wo alle menschlichen Erwägungen kapitulieren müssen, kapituliert die Liebe Gottes nicht. Gottes Wundertat ist immer, dieses Verlorene zu retten, das Unheilbare zu heilen, das hoffnungslos Verlaufene heimzuholen.

Christen wissen im Nachhinein nicht, warum sie dorthin gerieten, wo Jesus vorbei kam. Ich persönlich weiß zum Beispiel nicht, warum ich ausgerechnet auf einer christlichen Freizeit anfing, als Christ zu leben, auf einer Freizeit, an der ich eigentlich gar nicht teilnehmen wollte.

Jesus findet die, die er haben will. Jesus sieht nicht die Menge. Er sieht nicht die angetretene Prominenz von Jericho. Er sieht nicht die geistlichen Würdenträger. Er sieht nur das verlangende Herz und das unruhige Gewissen des Zachäus. Solche Herzen und solche gequälten Gewissen hatte er wahrscheinlich vor Augen, als er für uns alle am Kreuz starb. Seine Augen gingen ja nicht nur durch die Spalierreihen damals, sondern sie gehen auch durch die Räume jetzt, in denen Menschen sitzen oder liegen oder das Radio eingeschaltet haben oder ein Buch lesen. Und seine Augen gehen auch durch die Häuserreihen unserer Städte und Dörfer und dann passiert es immer wieder:

Irgendwo sieht er einen und spricht: „Ich muss heute in deinem Hause einkehren." Wenn Jesus sagt: „Ich muss bei dir einkehren", dann wird daraus ersichtlich, dass es bei der Begegnung mit Jesus letztlich nicht um eine Lehre geht, die das Neue in unser Leben bringt, sondern dass es um die Person Jesu selbst geht. Weil er „gekommen ist zu suchen und selig zu machen, was verloren ist".

Stellen Sie sich vor, was wäre, wenn er das jetzt zu Ihnen sagen würde. „Ich muss bei dir einkehren." Wo aber Jesus einen Menschen sieht und ihn herausruft aus seiner Verlorenheit – nämlich seiner Trennung von Gott – und ihn herausruft aus seiner Einsamkeit – nämlich seinem Getrenntsein von den anderen – da ist diesem Menschen das Heil widerfahren. Wo der feste Kontakt mit Jesus Christus sich ereignet, da widerfährt dem Menschen dieses Heil.

Dann aber wird schließlich die Sache mit den geänderten Verhältnissen erst ganz durchsichtig. Es heißt: „Zachäus aber trat vor den Herrn und sprach: Siehe, Herr, die Hälfte von meinem Besitz gebe ich den Armen und wenn ich jemanden betrogen habe, so gebe ich es vierfach zurück."

Was ist passiert? Wie ist es dazu gekommen?

Sicherlich hat sich Zachäus gewaltig gefreut, dass er, der von allen Gemiedene und Geschnittene, dass er, der Verhasste, Besuch von Jesus bekam. Aber das hat noch nicht zu dieser Großzügigkeit geführt. Ich bin überzeugt: Jesus hat sich mit dem Zachäus sicherlich nicht nur über das Wetter und das letzte Jerichoer Pferderennen unterhalten. Die beiden werden miteinander noch über ein ganz anderes Thema gesprochen haben und zwar über das Thema Schuld. Und Jesus wird Zachäus deutlich zu verstehen gegeben haben, dass er so nicht weiterleben kann, wenn er sich ein anderes Leben wünscht. Vor allem aber wird Jesus Zachäus gezeigt haben, wie sehr Gott ihn liebt und dass durch diese Liebe sein Leben anders werden kann.

Daraufhin hat sich Zachäus so gesehen, wie er wirklich ist. Er achtet nicht mehr auf die Würde seines mächtigen Amtes, nicht auf die höhnischen und gehässigen Blicke, nicht auf die Lächerlichkeit des Hochsitzes. Er achtet jetzt nur noch auf Jesus. Wenn einer einmal verstanden hat, was in seinem Leben grundsätzlich nicht in Ordnung ist, dann steht er vor Gott allein, ganz allein. Und dann erkennt er, dass jetzt alles darauf ankommt, ganz genau auf Jesus und seine Worte zu hören.

Mit Jesus muss man sich schon einlassen, richtig einlassen, wenn man ein anderes Leben haben will. Sich unverbindlich über Jesus mal etwas informieren, das geht nicht. Es gibt ja Leute, für die gehört die Beschäftigung mit Jesus zwar auch zum Lebensprogramm – aber nur unter ferner liefen. Diese Leute verehren Jesus. Sie schätzen ihn. In besonderen Notlagen ist er gefragt. Dann besuchen sie sogar wieder regelmäßig den Gottesdienst. Sie beten wieder, lassen sich vielleicht sogar in einem Bibelgesprächskreis sehen. Aber wenn bei diesen Leuten alles einigermaßen glatt läuft, dann ist dieser Jesus nicht mehr wert als ein anspruchsvolles Buch im Regal. Dann geht es so ab wie in dem Witz: „Kommt ein Mann zum Buchhändler und sagt: ‚Ich hätte gern ein Buch für meinen Freund im Krankenhaus.‘ Fragt der Buchhändler: ‚Etwas Christliches?‘ ‚Nein, es kann ruhig etwas Lustiges sein. Es geht ihm schon wieder besser.‘ "

So sehen viele Jesus. Für sie ist Jesus nur der Lückenbüßer für tiefergehende Lebensfragen, was den Sinn und ein hoffentlich glückliches Lebensende angeht, aber mit dem eigentlichen Leben, mit dem Essen und Trinken, dem Arbeiten, der Familie, den Kindern, der Sexualität, der Freizeitgestaltung und der Geldeinteilung hat er nichts zu tun.

Diese Leute lassen sich nicht so schnell von ihrem Maulbeerbaum herunterholen, denn sie wissen, dass sie dann gesellschaftlich auffallen könnten. Mit Jesus muss man sich schon persönlich einlassen und ihn in sein Leben hereinlassen, und zwar so, dass er der neue Herr des Lebens wird. Das hat Zachäus verstanden. Zachäus wird Buße getan haben, nicht nur innerlich, sondern greifbar, wird danach nicht mehr gesagt haben: „Dienst ist Dienst und Schnaps ist Schnaps."

Jesus verlangt von uns nicht bloß, dass wir uns mit Worten ändern. Wir sollen vielmehr unser ganzes Leben ändern. Wobei die bisherigen Herren unerbittlich entthront werden müssen, all die Herren, die das Leben fremd bestimmen wollen. Nicht wenige wollen zwar eine Beziehung zu Jesus, aber die Beziehung zu ihren Mitmenschen und auch die Beziehungen zu den Sachen, z. B. das Verhältnis zum Besitz, wollen sie nicht ändern. Bei diesen Menschen bleibt die Änderung auf die Gesinnung beschränkt. Die Folge ist: Bei diesen Leuten ändert sich wirklich nichts.

Wo Jesus der Herr des Lebens wird, hat das deutlich erkennbare Folgen. Wo die Gedanken Gottes in das Denken und Wollen eines Menschen kommen, da fängt dieser an, die Gerechtigkeit Gottes mehr zu lieben als die eigene Bequemlichkeit.

„Woran mein Herz hängt, das ist mein Gott", hat Martin Luther gesagt. Hier also der Gott des Besitzes. Dieser Gott Besitz zeigt sein Gesicht auf vielfältige Weise.

Das beginnt schon in kleinen alltäglichen Situationen nach dem Motto: „Haste was, dann biste was."

Da gibt es Männer, denen bedeutet der Krankenhaus-
aufenthalt ihrer Frau wenig, aber eine Beule am neuen
Auto ist alle Aufregung wert. Da gibt es Frauen, die
sind mit jedem beruflichen Stress ihres Ehegatten einverstanden, solange das Monatsgehalt noch für den
Kleiderschrank einiges hergibt. Da gibt es Jugendliche,
die kräftig über diese Leistungsgesellschaft schimp-
fen und trotzdem gern die Annehmlichkeiten in Anspruch nehmen, die dadurch entstehen, dass sowohl
Vater als auch Mutter arbeiten gehen. Da gibt es Eltern, die ihren Kindern versuchen klar zu machen,
dass ein Leben in der Verbindung mit Gott das einzig Sinnvolle ist, und die deshalb ihre Kinder in die
christliche Unterweisung schicken – und dabei gar
nicht merken, dass ihre Kinder bei ihnen selbst entdecken, dass ihnen materielle Dinge viel wichtiger
sind als Gott.

Ja, der Gott des Besitzes ist mächtig.

Aber – damit wir uns nicht falsch verstehen: So radikal der Weg der Buße auch von innen nach außen ist,
so dass ein Mensch nicht mehr in seinem alten Tun be-
harren kann, sondern es verlässt, bleibt er möglicherweise trotzdem in dem Raum und den Verhältnissen
seines bisherigen Lebens. Zachäus bleibt Zöllner. Er
bleibt weiterhin Angestellter der Besatzungsmacht, zumindest steht hier nichts anderes. Zachäus muss offenbar abwarten und selbst herausfinden, ob Beruf und
Berufskollegen einen neuen, einen anderen Zachäus
ertragen.

Doch – und das ist das Entscheidende: Auch ein
Zachäus kann jetzt nicht mehr ungerührt zusehen, wie
es dem Nächsten am Nötigsten fehlt, während er selbst
recht vermögensbildende Fortschritte mit unlauter er-
worbenem Geld macht. Ohne diese Schuldeinsicht
geht es nicht. Umkehr zu Gott zeigt sich nicht in Wor-

ten, sondern in Taten. Zachäus unternahm Schritte, mit denen er vor aller Augen bewies, dass er sich geändert hatte. Das zeigt: Wo Gott uns wirklich besucht, ist es nachher bei uns auf keinen Fall mehr so wie vorher.

Zachäus erkennt: Ich muss meine Vergangenheit bereinigen und zwar sofort in der Gegenwart, und ich muss in Zukunft ehrlich meinen Zolldienst versehen. Wer Gott findet, wird auf die Fährte des Nächsten gesetzt. Zachäus sagt: „Die Hälfte gebe ich den Armen." Auch von der anderen Hälfte wollte er nicht alles für sich behalten, sondern damit seine Betrügereien wieder gutmachen. Mit dieser Wiedergutmachung ging er weit über das gesetzlich vorgeschriebene Maß hinaus. Wesentlich aber ist – wesentlicher als die 50 % für die Armen und die Wiedergutmachung für die Betrogenen – er tut es freiwillig ohne Aufforderung.

„Je glücklicher einer ist, desto leichter kann er loslassen", hat mal jemand gesagt. Wie glücklich muss Zachäus gewesen sein! Darum spielt das Geld nicht mehr diese totale Rolle. Er macht sich nun „Freunde mit dem ungerechten Mammon". Heißt das nicht, dass wir z.B. dann sehr unglücklich sind, wenn wir nur wenig von unserem Besitz für andere loslassen können?

Der Evangelist Wolfgang Dyck, der mehr als die Hälfte seines Lebens in Erziehungsanstalten und hinter Zuchthausmauern verbrachte, bevor er Christ wurde, hat einmal erzählt, wie schwer ihm das gefallen sei, gestohlene Wertgegenstände nach Jahren zurückzugeben, und wieviel Ärger einerseits und Überraschung andererseits das bei den Bestohlenen ausgelöst habe. Wo Jesus Christus der Herr eines Lebens geworden ist, da will auch die Vergangenheit in Ordnung gebracht werden.

Ich erinnere mich noch gut an einen jungen Mann, der mich auf einer christlichen Freizeit nachts weckte, um mir zu sagen, dass er seit der Bibelarbeit am Vortage angefangen habe, bewusst in der Nachfolge Jesu zu leben. Und er erzählte mir dann unaufgefordert, was er in letzter Zeit alles in einem großen Kaufhaus gestohlen hatte. Ihm war aufgegangen: Ich kann mein Gestern nicht verleugnen, wo mein Heute durch Jesus anders geworden ist. Für diesen jungen Mann bedeutete das zum Entsetzen seiner gutbürgerlichen Eltern, sich der Polizei zu stellen.

Unrecht erworbener Besitz, z. B. auch dem Staat gegenüber unrecht erworbenes Geld, auch geschäftlich unrecht erworbenes Geld, auch Mietwucher oder kleinere oder größere Mitbringsel aus dem Betrieb, die man hat mitgehen lassen, wie man so sagt, als ob sie freiwillig mitgegangen wären. All diese Dinge können nicht in dem Hause bleiben, in das Jesus als der neue Herr eingezogen ist.

Es gibt manche Sünde, die nicht nur vor Gott, sondern auch vor Menschen bekannt werden muss. Ohne eine nach bestem Wissen und Gewissen bereinigte Vergangenheit liegt kein Segen auf einem neuen Heute.

Wo sich der Mensch ändert, da können sich auch seine Verhältnisse ändern, weil der Mensch dann frei ist, ein Mensch, der auch an seinen Mitmenschen wieder menschlich handeln kann.

Aber die Veränderung der Verhältnisse passiert nicht immer. Wenn einer in einer Diktatur lebt und Christ wird, lebt er nachher immer noch in einer Diktatur.

Wenn ein Familienvater Christ wird, sind die anderen Familienmitglieder noch längst keine Christen. Aber wenn er sich ändert, können sich auch seine Verhältnisse ändern.

Es gibt Menschen, die verwechseln Jesus mit einer Waschmaschine, wo sie jeden Abend ihre schmutzige Wäsche, sprich Sünde, reinwerfen, um Vergebung ihrer Schuld bitten und dann am nächsten Tag doch so weitermachen wie bisher. So geht es aber nicht. Wer sich wirklich von Jesus geliebt weiß, sieht auf einmal auch seine Mitmenschen in einem anderen Licht. Der sieht dann z.B. seinen ungerechten Kollegen oder seine zänkische Nachbarin plötzlich auch als Geschöpfe Gottes, die unbedingt Gottes Liebe kennen lernen müssen. Und weil ihm selbst von Gott geholfen wurde, kann er plötzlich auch dem anderen hilfreich begegnen. Das sind die praktischen Auswirkungen der Liebe Jesu – und nicht irgendein sentimentales Gefühl.

„Heute ist diesem Haus Heil widerfahren", sagt Jesus zu Zachäus. Damit ist doch gemeint: Wo Jesus Christus in ein Leben tritt, da gibt es Kettenreaktionen seiner Liebe. Wenn Jesus mein Leben verändert hat, will ich auch anderen weitersagen, was mir als göttliches Glück widerfuhr und mir die innere Zufriedenheit schenkt. Es kann für eine Familie oder eine Gruppe oder eine Schulklasse ein neuer Anfang sein, wenn ein Mensch dort von Jesus gerufen worden ist. Wo der eine vom Baum stieg, da ist dem ganzen Hause „Heil widerfahren".

„Denn des Menschen Sohn ist gekommen zu suchen und selig zu machen, was verloren ist."

Er ist auch für Sie und mich gekommen. Sein Kommen ist nicht an irgendwelche Vorbedingungen geknüpft. Es ist egal, wer Sie sind, wie Sie sind. Er kommt zu Ihnen. Das einzige – und das halte ich angesichts unserer menschlichen Trägheit für sehr wichtig – das einzige ist, dass wir ihm dann sofort folgen, wenn er uns ruft. Vielleicht sagen Sie jetzt: „Das muss ich mir doch in Ruhe überlegen, ob ich Jesus in mein Leben hineinlassen will."

Das ist richtig. Aber ich fürchte, es lernen viele Menschen Jesus nicht kennen, weil sie ein Leben lang überlegen und zu keinem Entschluss kommen. In der Bibel heißt es: „Heute, so ihr seine Stimme hört, so verstockt euer Herz nicht."

Heute, nicht erst morgen, nicht erst, wenn Sie lange überlegt haben, nicht erst, wenn Sie noch dieses oder jenes hinter sich gebracht haben, sondern schließen Sie jetzt die Tür Ihres Lebens für Jesus auf.

Ich weiß nicht, ob es Ihnen bei dieser Geschichte aufgefallen ist: Alles in ihr geschieht mit einer Dringlichkeit, die keinen Aufschub duldet. Um keinen Augenblick zu verlieren, läuft Zachäus voraus und besteigt, ohne sich zu besinnen, den Baum. Eilend soll er herunterkommen, ruft ihm Jesus zu. „Heute noch" soll die Einkehr erfolgen und wieder: „eilend" steigt Zachäus von seinem Baum, und der Tag ist noch nicht vergangen, da wird auch schon die Änderung seines Lebens sichtbar. Da beginnt schon die große Revision seines Vermögens. Sein „Heute" ist die große Trennung zwischen seinem Gestern und seinem Morgen.

Entscheiden Sie sich heute, dann können Sie auch sagen: „Heute ist mir Heil widerfahren."

Durst nach Leben

Manche Erzählungen sind wie ein Spiegel. Wer hineinschaut, entdeckt auf einmal sein eigenes Gesicht. Das kann sich auch in der folgenden Geschichte zeigen, die im Neuen Testament steht, im Johannesevangelium im 4. Kapitel. Sie beginnt so:

„Als nun Jesus erfuhr, dass den Pharisäern zu Ohren gekommen war, dass er mehr zu Jüngern machte und taufte als Johannes – obwohl Jesus nicht selber taufte, sondern seine Jünger –, verließ er Judäa und ging wieder nach Galiläa. Er musste aber durch Samarien reisen. Da kam er in eine Stadt Samariens, die heißt Sychar, nahe bei dem Feld, das Jakob seinem Sohn Josef gab. Es war aber dort Jakobs Brunnen. Weil nun Jesus müde war von der Reise, setzte er sich am Brunnen nieder; es war um die sechste Stunde" (Verse 1 bis 6).

Jesus gibt seine Tätigkeit in der Landschaft Judäa auf. Die religiösen Führer in Jerusalem, die Pharisäer, sind ärgerlich auf ihn. Sein Wirken zieht noch größere Kreise als das Johannes des Täufers. Das macht die jüdischen Theologen misstrauisch. Darum will Jesus nun nach Galiläa. Der einfachste und kürzeste Weg dorthin führt durch Samaria. Durch Samaria ging kaum ein Jude freiwillig; denn das Verhältnis zwischen Juden und Samaritern war alles andere als gut. Doch Jesus sieht das anders. Auch die Menschen in Samaria müssen seine göttliche Botschaft hören. Auf seiner Wanderung kommt Jesus nach Sychar. Dort befindet sich der berühmte Jakobsbrunnen. Erschöpft von der langen Reise und durstig lässt Jesus sich bei diesem Brunnen nieder. Es ist um die sechste Stunde, also Mittagszeit. Pause ist angesagt. Während die Jünger Jesu in die Stadt gehen, um Speise zu kaufen, bleibt er allein am Brunnen zurück.

„Da kommt eine Frau aus Samarien, um Wasser zu schöpfen. Jesus spricht zu ihr: Gib mir zu trinken! Denn seine Jünger waren in die Stadt gegangen, um Essen zu kaufen. Da spricht die samaritische Frau zu ihm: Wie, du bittest mich um etwas zu trinken, der du ein Jude bist und ich eine samaritische Frau? Denn die Juden haben keine Gemeinschaft mit den Samaritern. –

Jesus antwortete und sprach zu ihr: Wenn du erkenntest die Gabe Gottes und wer der ist, der zu dir sagt: Gib mir zu trinken!, du bätest ihn, und der gäbe dir lebendiges Wasser. Spricht zu ihm die Frau: Herr, hast du doch nichts, womit du schöpfen könntest, und der Brunnen ist tief; woher hast du dann lebendiges Wasser? Bist du mehr als unser Vater Jakob, der uns diesen Brunnen gegeben hat? Und er hat daraus getrunken und seine Kinder und sein Vieh. Jesus antwortete und sprach zu ihr: Wer von diesem Wasser trinkt, den wird wieder dürsten; wer aber von dem Wasser trinken wird, das ich ihm gebe, den wird in Ewigkeit nicht dürsten, sondern das Wasser, das ich ihm geben werde, das wird in ihm eine Quelle des Wassers werden, das in das ewige Leben quillt. Spricht die Frau zu ihm: Herr, gib mir solches Wasser, damit mich nicht dürstet und ich nicht herkommen muss, um zu schöpfen!"
(Verse 7 bis 15)

Es ist ein ganz natürlicher Anlass, der die Frau zum Jakobsbrunnen führt. Sie will Wasser schöpfen. Die Frau nutzt die Mittagszeit zum Wasserholen. Da kann sie sich sicher sein, niemand anzutreffen, der mit Fingern auf sie zeigt. Denn sie ist, wie sich noch herausstellen wird, eine Frau mit Vergangenheit. Sicher hat sie schon sehr oft um diese Zeit Wasser geholt und es hat sich nie etwas Besonderes ereignet. Diesmal aber soll dieser an sich belanglose Vorgang zu einer entscheidenden Wende in ihrem Leben führen.

Davon merkt die Frau zunächst gar nichts, denn die Worte, mit denen Jesus das Gespräch eröffnet, sind in keiner Weise besonders bemerkenswert. Was bedeutet es schon, dass ein durstiger Mensch, der kein Schöpfgefäß bei sich hat, einen anderen um einen Trunk Wasser bittet? Die Frau ist nur darüber verwundert, dass Jesus sich als Jude überhaupt mit ihr einlässt und so die zwischen Juden und Samaritern aufgerichteten Schranken durchbricht. Mit anderen Worten sagt die Frau: „Sonst wollt ihr Juden ja mit uns Samaritern nichts zu tun haben. Sonst sprecht ihr Männer mit uns Frauen ja kaum ein Wort. Aber jetzt, wo du durstig bist, da kannst du mich gebrauchen."

Damit diese außergewöhnliche Begegnung zwischen dem Juden Jesus und der samaritischen Frau erkannt wird, fügt der Evangelist Johannes die Erklärung hinzu: „Denn die Juden haben keine Gemeinschaft mit den Samaritern" (Vers 9). Hier begegnen sich zwei Konfessionen. Beide glauben an den Gott Abrahams, Isaaks und Jakobs und hoffen auf den Messias. Aber im Laufe der Geschichte haben sich die Samariter immer mehr von den Juden getrennt und sich so auch immer mehr von den genauen Vorschriften der Juden und von der Ausrichtung auf den Jerusalemer Tempel als Stätte der Anbetung abgewandt.

So galten sie als religiös verrottet. „Wer Brot der Samariter isst, ist wie einer, der Hundefleisch isst", so lautete ein rabbinischer Merkspruch.

Nun begegnen sich Vertreter dieser beiden Konfessionen. Und das ausgerechnet am Jakobsbrunnen, der für beide einen hohen geschichtlichen Wert hat. Wie soll diese Frau verstehen, dass Jesus, der Jude, aus dem Gefäß trinken will, das auch sie, die Samariterin, benutzt? Und deshalb fragt sie so kritisch zurück. Doch Jesus verliert sich nicht in einem Gespräch über Religion und auch nicht über diesen bedeutsamen geschichtlichen Ort, sondern er will von etwas ganz anderem sprechen. Denn nicht die Vergangenheit ist für ihn wichtig, sondern das Heute und das Morgen. Darum wendet er sich der Frau zu. Dabei müssen Schranken durchbrochen werden. Hier die Schranke der Konfessionen.

Und es muss auch die Schranke durchbrochen werden: Heiliger – Sünder. Indem Jesus zuerst die Frau um einen Dienst bittet, durchbricht er das Schweigen, baut er die Mauer ab. Er spielt nicht den Überlegenen, sondern nimmt die Hilfe der Frau in Anspruch. Hier zeigt sich wieder einmal: Die Bitte um einen kleinen Dienst kann beim anderen mehr bewirken als eine große Rede.

Darüber hinaus gibt Jesus der Frau einen ersten geheimnisvollen Hinweis auf seine Person. Sie würde anders urteilen, sagt er, wenn sie ihn in seinem wahren Wesen erkennen würde. Dann wäre sie die Bittende – und nicht er der Bittsteller. Und in diesem Zusammenhang fallen das erste Mal die Worte „lebendiges Wasser". Damit bekommt das Gespräch sozusagen Tiefgang. Es bleibt nicht mehr im Vordergründigen stecken. In diesem alten Jakobsbrunnen entspringt eben noch eine andere Quelle: Gottes Brunnen der

Barmherzigkeit, so will ich ihn nennen, ein Brunnen für die ganze Welt. Eine Wanderung und die Rast an einem Brunnen sind etwas Kleines, Alltägliches. Aber verläuft nicht unser Leben zumeist im Alltäglichen? Wie ist es mit all den angeblich so zufälligen Begegnungen unseres Lebens: auf einer Parkbank, in einem Urlaubsort, in einem Krankenzimmer oder wo immer es sein mag. Geschieht das wirklich so zufällig, wenn ein Gespräch über den Gartenzaun auf einmal auf Tiefgang schaltet, wenn es wichtig wird? Oder ist da nicht doch Gott dahinter, der Menschen zusammenführt, um seine gute Botschaft zu vermitteln, um Menschen zu helfen, um sie heil werden zu lassen?

Wenn unser Leben neu und fruchtbar werden soll, dann muss das ja gerade im Alltag sichtbar werden, so wie hier am Jakobsbrunnen. Jesus begegnet uns als ein Mensch wie wir. Mitten im Alltäglichen bricht Schritt für Schritt die Quelle Gottes auf. „Wenn du wüsstest…", sagt er. Und auf einmal wie ahnungsvoll redet die Frau den Fremden an: „Herr…"

Unsere menschlichen Beziehungen zeigen den Reichtum unseres Lebens, aber auch seine Probleme. Und wenn wir uns so im Alltäglichen begegnen, den Kollegen bei der Arbeit treffen, zu Hause beim Essen sind oder mit anderen zusammen unsere Freizeit gestalten, dann fragen wir vielleicht: Was kann dabei schon geschehen? Aber man muss aufmerksam sein, hören und sehen, wer da kommt und wie er redet.

Die Frau am Jakobsbrunnen versteht zunächst nicht, wer da vor ihr steht. Ganz in ihren Vorstellungen gefangen weist sie darauf hin, dass Jesus gar nicht imstande ist, die von ihr gestellte Bitte zu erfüllen; denn er hat ja kein Schöpfgefäß, und ihm steht kein Quellwasser zur Verfügung. Hinzu kommt, dass sie in seinem Angebot eine Anmaßung gegenüber dem Stammvater ihres Volkes sieht. Der Brunnen, den Jakob gegraben hat, hat seine Aufgabe durch Jahrhunderte hindurch erfüllt, und er tut es bis jetzt. Darum besteht kein Bedürfnis nach einem anderen Wasser. Jesus begegnet diesem Einwand mit dem Satz, dass das aus dem irdischen Brunnen geschöpfte Wasser einen entscheidenden Mangel aufweist: Es stillt den Durst nur für eine kurze Zeit. Es stillt nur den Durst, der auf der Zunge liegt, und nicht den Durst, der im Herzen quält.

Der Psychoanalytiker Erich Fromm hat u. a. auf die Frage „Was braucht der Mensch?" gesagt: „Es ist eine weit verbreitete Meinung, dass der Mensch eine Maschine ist, die bestimmte Erfordernisse hat, also Hunger, Durst, die Notwendigkeit zu schlafen, Sexualität und anderes, dass diese Bedürfnisse, diese psychologischen, biologischen Bedürfnisse befriedigt werden müssen. Wenn sie nicht befriedigt werden, dann wird er neurotisch – wenn er nicht stirbt. Wenn sie aber befriedigt werden, dann ist alles in Ordnung. Nun zeigt sich", sagt Erich Fromm, „dass das tatsächlich nicht so ist: Es kann sein, dass alle physiologischen Bedürfnisse des Menschen befriedigt werden und dass der Mensch trotzdem nicht befriedigt ist, d.h. nicht in Frieden lebt mit sich selbst, sondern sogar unter Umständen innerlich schwer krank ist, obgleich er alles hat, was er braucht – nur eines nicht: die Anregung, die ihn zur Aktivität stimuliert." So Erich Fromm (Erich Fromm, Vortragszyklus im Süddeutschen Rundfunk).

So ist der Mensch. So sind jedenfalls viele Menschen ständig auf der Suche nach Erfüllung im Leben. Diese Suche, die sich oft gerade besonders im Freizeitstress zeigt, prägt über weite Strecken das Leben vieler Menschen. Diese Suche hat die Fürstin Eleonore von Reuß (1867) so beschrieben:

„Ich habe die Menschen gesehen,
und sie suchen spät und früh,
sie schaffen, sie kommen und gehen,
und ihr Leben ist Arbeit und Müh.

Sie suchen, was sie nicht finden
in Liebe und Ehre und Glück
und sie kommen belastet mit Sünden
und unbefriedigt zurück."
(Gemeindelieder Nr. 282)

Vielleicht war die Samariterin auch auf dieser Suche, ohne es zu wissen, denn sie will Brunnenwasser schöpfen und ist zunächst damit zufrieden. In dieser Situation wird sie von Jesus angesprochen. Er will ihr Dürsten auf Größeres lenken, auf „lebendiges Wasser", auf die Gabe Gottes, auf sich selbst. Denn er weiß, der Mensch bedarf eines Wasser, das ihn nicht mehr durstig macht. Ohne dieses Wasser ist er dem Verderben preisgegeben. Jesus weiß: Wir Menschen sind – wie die Samariterin – generell Dürstende, Bedürfniswesen. Wir brauchen, wir dürsten nach Luft, Nahrung, menschlicher Zuwendung, Anerkennung, Erfolg, Gesundheit. Darum dreht sich unser Leben, und wir versuchen diesen Durst zunächst – wenn wir es nicht besser wissen – mit natürlichen Erfüllungen zu stillen, mit dem Brunnenwasser, das wir vor Augen haben. Es dauert eventuell lang, bis wir – durch eine Lebenserfahrung, eine entscheidende Begegnung, vielleicht auch einen Schicksalsschlag belehrt – bis wir entdecken, dass diese natürlichen Erfüllungen unseren Durst nicht wirklich stillen. Diese Entdeckung soll auch die

Samariterin machen. Jesus sieht den Augenblick gekommen, sich ihr als der Spender des Heils zu offenbaren. Das Wasser, das er gibt, hat eine unerschöpfliche Kraft; denn es lässt in dem Menschen, der es empfängt, eine Quelle entstehen, die immer sprudelt, „bis ins ewige Leben hinein", d.h. bis in unbegrenzte Zeit.

Aber die Frau versteht Jesus noch immer nicht. Sie bittet nun um dieses Wasser, doch es ist für sie nur ein irdisches Wunderwasser. Vielleicht denkt sie, dieses Wasser würde ihr den Gang zum Jakobsbrunnen und die mühselige Arbeit des Schöpfens ersparen.

An welchen Quellen trinken wir? So hat vor Jahren Pastor Heinrich Giesen gefragt, und er hat dazu folgendes bemerkt:

„Trinken muss jeder.
An welchen Quellen trinken wir?
Wenn wir nicht von seiner Quelle trinken,
trinken wir an anderen Quellen.
Oder laben wir uns an verschiedenen Quellen.
Dann trinken wir abwechselnd mal von seiner Quelle,
mal von anderen.
Dann sind wir nur alle acht Tage bei ihm
und leben sonst ohne ihn.
Wenn wir uns nicht bei ihm einfinden,
müssen wir bei anderen sein.
Irgendwo muss man ja sein.
Nochmals:
Von welchen Wassern trinken wir sonst noch?
Wollen wir uns Zeit nehmen für die Angebote anderer –
und dann erst für Jesu Angebot?
So am Schluss des Lebens, kurz vor der Beerdigung?

Das Wasser, das ich gebe, sagt Jesus,
wird zu einer Quelle,
die in das ewige Leben quillt."

Pastor Giesen hat genau beschrieben, worum es geht.
Das Angebot Jesu steht im Raum: „Wen da dürstet,
der komme zu mir und trinke" (Johannes 7,37). Damit ist die erste Phase des Gesprächs zu Ende. Die
Frau hat die Tür ihres Lebens einen Spalt weit geöffnet. Jesus begeht nicht den Fehler, nun sein ganzes
Angebot zu geben. Vorschnelles Handeln kann die
Tür des anderen schließen. Jesus weckt das Interesse
der Frau und kann warten, bis sie darauf eingeht.
Es hat keinen Zweck, das Thema weiter zu erörtern.
Aber Jesus gibt das Ziel, die Frau zur Erkenntnis seines Wesen zu führen, nicht auf. So geht er zu einem
neuen Thema über.

*„Jesus spricht zu ihr: Geh hin, ruf deinen Mann und
komm wieder her! Die Frau antwortete und sprach
zu ihm: Ich habe keinen Mann. Jesus spricht zu ihr:
Du hast recht geantwortet: Ich habe keinen Mann.
Fünf Männer hast du gehabt, und der, den du jetzt
hast, ist nicht dein Mann; das hast du recht gesagt.
Die Frau spricht zu ihm: Herr, ich sehe, daß du ein
Prophet bist. Unsere Väter haben auf diesem Berge
angebetet, und ihr sagt, in Jerusalem sei die Stätte,
wo man anbeten soll. Jesus spricht zu ihr: Glaube
mir, Frau, es kommt die Zeit, dass ihr weder auf
diesem Berge noch in Jerusalem den Vater anbeten
werdet. Ihr wisst nicht, was ihr anbetet; wir wissen
aber, was wir anbeten; denn das Heil kommt von
den Juden. Aber es kommt die Zeit und ist schon
jetzt, in der die wahren Anbeter den Vater anbeten
werden im Geist und in der Wahrheit; denn auch*

der Vater will solche Anbeter haben. Gott ist Geist, und die ihn anbeten, die müssen ihn im Geist und in der Wahrheit anbeten. Spricht die Frau zu ihm: Ich weiß, daß der Messias kommt, der da Christus heißt. Wenn dieser kommt, wird er uns alles verkündigen. Jesus spricht zu ihr: Ich bin's, der mit dir redet."
(Verse 16 bis 26)

Was liegt näher, als den Mann der Frau mit in das Gespräch einzubeziehen. Darum fordert Jesus sie auf, ihren Mann herbeizuholen. Als sie daraufhin erklärt, dass sie keinen Mann habe, gesteht Jesus ihr zu, dass sie die Wahrheit gesagt hat. Aber es ist nicht die ganze Wahrheit. Darum muss Jesus die Wahrheit an den Tag bringen. Er kennt ihr vergangenes und ihr gegenwärtiges Leben. Fünf Ehemänner hat sie gehabt. Wohlverstanden, rechtmäßige Ehemänner. Männer, die entweder gestorben sind oder von denen sie geschieden ist, wobei man wissen muss, dass eine Frau im damaligen Judentum schon geschieden werden konnte, wenn der Mann mit ihrer Kochkunst nicht zufrieden war. Eine wahrhaft tragische Lebensgeschichte.

Aber jetzt ist die Frau mit einem Mann zusammen, mit dem sie nicht rechtmäßig verheiratet ist. Dabei hat sie sich an den Bestimmungen des auch für sie geltenden mosaischen Gesetzes versündigt. Die Frau fühlt sich durchschaut. Sie hat Respekt vor dem ihr unerklärlichen übernatürlichen Wissen Jesu. Und darum gibt sie ihrer Überzeugung Ausdruck, dass er ein Prophet ist. Dieser Erkenntnis kann sie sich nicht entziehen. Jesus ist mit ihr einen Schritt weitergekommen. Jesus hat in ihr den Glauben geweckt.

Diesen Glauben kann ich mir nicht selber schaffen. Religiös sein, das kann ich von mir selbst aus. Aber christlicher Glaube ist mehr. Christlicher Glaube ist anders. Er lebt von einer großen Gewissheit, und diese Gewissheit bringe ich nicht selbst zustande. Doch Jesus kann mir diese Gewissheit schenken. So wie der Frau am Jakobsbrunnen. Er deckt ihr, die scheinbar ohne höhere Interessen ist, die dunkle Welt ihres Lebens auf und führt sie gerade dadurch zum Glauben. Die Samariterin scheint nichts anderes im Kopf zu haben als den Haushalt und die Männer. Damit fälle ich kein Urteil. Jeder Mensch ist in seinem Denken auch von dieser Diesseitigkeit bestimmt. Aber da ist einer, der dieser Frau vollmächtig die Wahrheit sagt, ohne sie zu verurteilen. Er kann eben sehen, was wir am liebsten verbergen, und kann wegnehmen, was uns von Gott trennt, und kann auch wegnehmen, was uns voneinander trennt. So wird er zu unserem Retter. So zeigt er uns nicht nur unser eigenes Leben. Er zeigt uns Gott selbst. „Ich bin's, der mit dir redet."

Das Gespräch enthüllt die erschütternde, durch Schicksal und Schuld belastete Geschichte dieser Frau. Die Frau legt kein Schuldbekenntnis ab. Und Jesus besteht auch nicht darauf. Er gibt sich vorerst damit zufrieden, dass diese Samariterin in ihm einen Propheten erkennt, und die Frau ist froh, der peinlichen Situation dadurch ausweichen zu können, dass sie dem Gespräch eine neue, für sie weniger peinliche Wendung gibt. Als Prophet wird Jesus ihr sicher eine zwischen Juden und Samaritern strittige Frage beantworten können. Es ist die Frage nach der richtigen Stätte der Anbetung.

Für die Juden war das Jerusalem, für die Samariter der Berg Garizim, der einzige Kultusort. Der auf dem Garizim im vierten Jahrhundert vor Christus erbaute Tempel war zwar schon lange zerstört worden, aber der Berg war die den Samaritern heilige Kultstätte geblieben. Doch die Antwort weist in die Zukunft. „Es wird die Zeit kommen", sagt er, „in der man weder in Jerusalem noch auf dem Garizim Gott verehren wird."

Ja, noch viel mehr sagt Jesus: nicht erst in der Zukunft, nein, schon jetzt, beten die wahren Anbeter den Vater im Geist und in der Wahrheit an. Denn seit Jesu Kommen ist die Anbetung Gottes für Christen nicht mehr an einen bestimmten Ort oder an eine vorgeschriebene Form gebunden. Durch Jesus Christus können wir an jedem Ort und in jeder Situation mit Gott reden und seine Gegenwart erfahren. Wenn wir das tun – beten – , dann schenkt Gott Glauben. Dann wirkt er in unserem Leben. Dabei verlangt er keine Vorleistungen, wenn wir zu ihm kommen. Er hat den Zugangspreis mit dem Opfertod seines Sohnes am Kreuz von Golgatha bezahlt – ein für allemal. Das ist die gnädige Wahrheit über uns Menschen: Unsere Schuld ist getilgt, die endgültige Todesgrenze abgeschafft. Seitdem kann jeder Mensch unmittelbar mit Gott verbunden sein, wenn er nur akzeptiert, was Gott für ihn getan hat. Denn – wie im Leben – jeder Scheck muss eingelöst werden, sonst gehen wir leer aus. Man kann Gottes Angebot auch verfehlen. Aber man kann eben auch erkennen, dass „die Stunde jetzt schon da ist."

Diese entscheidende Aussage Jesu hat die Samariterin nicht gleich verstanden. Erst als Jesus sich ihr offenbart, erst als er ihr sagt: Ich bin der auch von dir erwartete Messias, ich bin der Retter und Heiland, entdeckt die Frau, wen sie vor sich hat. Jetzt ist die Frau in die Entscheidung gestellt.

„Unterdessen kamen seine Jünger, und sie wunderten sich, dass er mit einer Frau redete; doch sagte

niemand: Was fragst du? Oder: Was redest du mit ihr?
Da ließ die Frau ihren Krug stehen und ging in die Stadt und spricht zu den Leuten: Kommt, seht einen Menschen, der mir alles gesagt hat, was ich getan habe, ob er nicht der Christus sei! Da gingen sie aus der Stadt heraus und kamen zu ihm."
(Verse 27 bis 30)

Inzwischen sind die Jünger aus der Stadt zurückgekommen. Sie wundern sich über die Szene, die sich ihnen darbietet. Die Samariterin ist so überrascht, dass sie eilig aufbricht, den Wasserkrug stehen lässt und nach Sychar zurückkehrt. Dort erzählt sie, was sie erfahren hat. Sie ist am stärksten beeindruckt von den Worten Jesu, die ihr persönlich gegolten haben. In der Gewissheit „Er ist ein Prophet" legt sie davon Zeugnis ab. Sie weiß noch nicht ganz genau, wo sie mit Jesus dran ist – ob er ein Prophet oder ob er der Christus sei –, doch sie setzt ihre innere Bewegung in äußere Bewegung um und läuft in die Stadt. Sie lädt andere ein, sich Jesus näher anzugucken und zu prüfen, ob er nicht doch der von Gott verheißene Messias sei. So zieht ihre innere Bewegung Kreise. Nun ist die ganze Stadt in Bewegung und viele kommen, um Jesus zu sehen.

„Es glaubten aber an ihn viele der Samariter aus dieser Stadt um der Rede der Frau willen, die bezeugte: Er hat mir alles gesagt, was ich getan habe. Als nun die Samariter zu ihm kamen, baten sie ihn, bei ihnen zu bleiben; und er blieb zwei Tage. Und noch viel mehr glaubten um seines Wortes willen und sprachen zu der Frau: Von nun an glauben wir nicht mehr um deiner Rede willen; denn wir haben

selber gehört und erkannt: Dieser ist wahrlich der Welt Heiland." (Verse 39 bis 42)

Die Samariterin ist überwältigt von dem, was sie am Jakobsbrunnen erlebt hat. Sie unterrichtet die Bewohner des Ortes über das erregende Gespräch mit Jesus und legt Zeugnis von ihm ab. Indem sie für Jesus wirbt, wächst ihre eigene Überzeugung. Sie kommt zum Glauben, und sie führt zum Glauben. Ihr Zeugnis hat Glauben in Sychar gefunden. Nun wollen die anderen Samariter sich selbst von der Wahrheit ihrer Worte überzeugen. Sie kommen zu Jesus und kehren mit ihm in die Stadt zurück, wo er zwei Tage bleibt. Und durch diese Begegnung mit Jesus erkennen auch viele andere ihn und bekennen: „Dieser ist wirklich der Heiland der Welt."

So haben die Frau und mit ihr nachher viele andere erfahren: Nahrung, Gemeinschaft, Anerkennung, Anregung und wie das „Brunnenwasser" auch heißen mag, sind zum menschlichen Leben notwendig. Aber all das reicht nicht, um wirklich zufrieden zu sein. Es geht vielmehr darum zu entdecken, wie der Durst darüber hinaus gestillt werden kann. Es geht darum, sich von Jesus und seinem Wort erfassen zu lassen, zu erkennen, wer er wirklich ist, so wie es der dänische Philosoph und Theologe Sören Kierkegaard einmal gesagt hat: „Gottes zu bedürfen, das ist des Menschen höchste Vollkommenheit" („Der Pfahl im Fleisch", Stundenbücher 12, Hamburg 1962, S. 8). Diese Erfahrung kann ich natürlich nur machen, wenn ich mich auf Jesus Christus einlasse.

Gott – mein Leben braucht eine Basis

Ein französischer Priester hat folgendes Plakat an seine Kirchentür gehängt: Von links nach rechts sind auf diesem Plakat eine Mutter mit einem Kind auf dem Arm zu sehen, daneben ein Brautpaar und ein Sarg ganz rechts. Und darunter stehen die Worte: „Eines Tages hat Ihre Mutter Sie hierher gebracht, später Ihre zukünftige Frau, eines noch späteren Tages werden Ihre Freunde Sie trauernd hierher geleiten. Versuchen Sie doch auch einmal, allein zu kommen."

Bei dieser Lebensführung ist Gott nur ein Lückenbüßer oder eine religiöse Ausschmückung für einige Eckdaten der menschlichen Existenz. Dabei hat Gott schon vor 2000 Jahren eine einmalige Grundlage für unser Leben geschaffen. Diese Basis will ich versuchen zu verdeutlichen durch zwei Sätze aus einem alten Brief an jüdische Christen. Es handelt sich dabei um die Verse 8 und 9 aus dem 13. Kapitel des Hebräerbriefes:

> *„Jesus Christus gestern und heute und derselbe auch in Ewigkeit. Lasst euch nicht durch mancherlei und fremde Lehren umtreiben, denn es ist ein köstlich Ding, dass das Herz fest werde, welches geschieht durch Gnade…"*

Wir alle haben in unserem Leben schon viele sogenannte Persönlichkeiten dieser Welt kommen und gehen sehen. Würde ich jetzt zum Beispiel einige Namen von politischen Machthabern aus den vergangenen Jahrzehnten aufzählen, kämen Ihnen die meisten sicherlich nur sehr langsam aus der hintersten Falte Ihres Gedächtnisses wieder hervor, obwohl es erst einige Jahre her ist, seit diese Frauen und Männer Schlagzeilen machten.

Ganz anders ist das aber bei Jesus Christus. Er hat kaum Schlagzeilen gemacht. Die damalige große Welt, das römische Imperium, nahm kaum Notiz von ihm. Aber die größten römischen Kaiser und ihre glanzvollen Bauten als Zeugnis ihrer Weltmacht sind längst untergegangen. Kein Mensch hört zum Beispiel mehr auf die Worte eines Augustus oder Cäsar. Die Liederdichterin Renate Wagner hat gesagt:

„Seht, man musste sie begraben,
die der Welt Gebote gaben,
und ihr Wort hat nicht Bestand.
Ihre Häuser wurden Trümmer.
Ihre Münzen gelten nimmer,
die man in der Erde fand.
Ihre Namen sind verklungen.
Ihre Lieder ungesungen,
ihre Reiche menschenleer.
Ihre Spiegel sind zerbrochen,
ihre Sprache ungesprochen,
ihr Gesetz gilt längst nicht mehr."

Doch der Mann aus dem unbedeutenden Winkel des Römischen Reiches, dieser Jesus aus Nazareth, ist immer noch in vieler Munde.

In dem Vorwort zu einer Bibelausgabe fand ich folgende Lebensbeschreibung von Jesus:

„Vor mehr als 1900 Jahren wurde dieser Mann im Gegensatz zu den Naturgesetzen geboren. Er lebte in Armut und wuchs im Verborgenen auf.

Er war kein weitgereister Mann. Nur einmal, als er während seiner Kindheit im Exil leben musste, überquerte er die Grenzen seines Heimatlandes.

Er hatte weder Reichtümer noch Beziehungen.

Seine Verwandten waren nur unauffällige Leute, die keine besondere Ausbildung besaßen.

Ein König erzitterte vor ihm, als er von seiner Geburt hörte.

Im Kindesalter versetzte er Gelehrte in Erstaunen.

Im Mannesalter herrschte er über die Naturgesetze, indem er auf den Wellen ging, als wären es Pflastersteine, und indem er das Brausen der See zum Stillstand brachte.

Er heilte viele Menschen ohne Medizin und verlangte keine Bezahlung für seinen Dienst.

Er selbst schrieb nie ein Buch. Und doch würden alle Büchereien die Bücher nicht fassen können, die über ihn geschrieben werden könnten.

Er schrieb nicht ein einziges Lied – und hat dennoch den Stoff für mehr Lieder geliefert, als alle Liederdichter zusammen es hätten tun können.

Er gründete niemals eine Schule. Aber selbst wenn sich alle Schulen zusammenschlössen, würden sie doch an die Zahl seiner Schüler nicht heranreichen.

Er stellte nie eine Armee zusammen, zog keine Soldaten ein und feuerte keine Gewehrkugel ab. Und doch hatte kein Feldherr in der Geschichte jemals mehr Freiwillige als er, die unter seinem Befehl die Waffen erhoben und denen sich, ohne dass sie auch nur einen Schuß abgaben, mehr Gegner auslieferten als jeder anderen Armee.

Er war und ist kein Psychiater – und heilte doch mehr zerbrochene Herzen als alle Ärzte weit und breit .

Einmal in der Woche stehen heute die Räder des Alltags still. Menschenmengen besuchen Gottesdienste, um sein Wort zu hören und ihm Ehrerbietung zu erweisen.

Namen berühmter griechischer und römischer Staatsmänner kamen und gingen. Namen früherer Wissenschaftlicher, Philosophen und Theologen kamen und gingen. Aber der Name Jesu wird überall bekannt. Obwohl zwischen unserer Generation und seiner Kreuzigung mehr als 1900 Jahre liegen, lebt er noch immer. Herodes konnte ihm nichts anhaben, und das Grab konnte ihn nicht halten. Er steht weiterhin auf dem Gipfel höchster himmlischer Herrlichkeit, von Gott verkündigt, von den Engeln anerkannt, von seinen Jüngern als der lebendige Herr und Heiland angebetet."

Soweit diese Lebensbeschreibung.

Aber es gibt nicht nur positive Meinungen über Jesus. Eine ganz andere vertritt der Schriftsteller Arno Schmidt. In dem Buch „Was halten Sie vom Christentum?" schreibt er: „Die Persönlichkeit des Mannes, nach dem sich immerhin 30 % der Menschheit nennen, genügt mir nicht. Was würden wir heute sagen, wenn ein junger Mann aus irgendeinem unbedeutenden Zwergstaat käme – keiner der großen Kultursprachen mächtig, völlig unbekannt mit dem, was in Jahrtausenden an Wissenschaft, Kunst, Technik, auch frühere Religionen geleistet haben – und ein solcher stellte sich vor uns hin mit den Worten: ,Ich bin der Weg und die Wahrheit und das Leben' und wir müssten uns durch einen herbeigerufenen Dolmetscher erst noch mühsam den barbarischen Dialekt übersetzen lassen; würden wir ihm nicht halb belustigt, halb verständnislos raten: ,Junger Mensch, lebe erst einmal und lerne und komme dann in dreißig Jahren wieder.' "

124

Ich frage: Kann einer das Wunder der Wirkung Jesu in der Geschichte deutlicher zum Ausdruck bringen als gerade mit dieser Kritik? Für die Macht Jesu über die Herzen der Menschen gibt es für mich keine andere Erklärung als die, dass seine Worte und Taten in Gott selbst ihren Ursprung haben.

Bis heute hat sich für mich die Feststellung des Verfassers des Hebräerbriefes als richtig erwiesen: *„Jesus Christus ist gestern und heute derselbe und in Ewigkeit."* Glauben Sie das? Von wem lassen Sie Ihr Leben bestimmen? – Von den Herren dieser Welt oder von Jesus Christus? Vielleicht denken Sie: Ich bin doch schon längst Christ. Bestimmt der Glaube an Jesus Christus wirklich Ihr Leben, d. h. Ihr Denken und Handeln?

Vor Jahren war ich in Amsterdam in einem Wachsfigurenkabinett. Da sind berühmte Persönlichkeiten aller Schattierungen in Wachs nachgebildet. Wenn man durch dieses Wachsfigurenkabinett geht, wird man fotografiert. Ich habe zu Hause noch ein wunderschönes Bild. Da stehe ich zwischen Papst Johannes XXIII. und Willy Brandt. Wir sehen alle drei verblüffend echt aus. Man meint, man könnte mit uns reden, aber Willy Brandt und Papst Johannes XXIII. sind ohne Leben. Nur die äußeren Maße stimmen ungefähr.

Wieviele Menschen bemühen sich um ein christliches Mäntelchen, eine äußere christliche Form. Für sie gibt es christliche Spielregeln, religiöse Leibesübungen sozusagen, aber keine Kraft aus diesem christlichen Glauben heraus. Ihnen geht es so wie den Gänsen, von denen der dänische Theologe und Philosoph Sören Kierkegaard erzählt. Er sagt: „Denke, die Gänse könnten reden – und sie hätten es nun so eingerichtet, dass sie auch ihren Gottesdienst hätten. Jeden Sonntag kämen sie zusammen, und ein Gänserich predigte. Der wesentliche Inhalt der Predigt wäre folgender: welch hohe Bestimmung die Gans habe, zu welch hohem Ziel der Schöpfer – und jedes Mal, wenn dieses Wort genannt wurde, senkten alle Gänse den Kopf – die Gans bestimmt habe. Mit Hilfe der Flügel könnten sie zu fernen seligen Gefilden fliegen, wo ihre eigentliche Heimat wäre, denn hier seien sie nur Ausländer. So geschah es jeden Sonntag. Und danach trennte sich die Versammlung. Jede watschelte heim zu den ihren. Und dann wieder am nächsten Sonntag zum Gottesdienst – und dann wieder nach Hause. Dabei blieb es, denn eins machten sie nicht: Sie flogen nicht, die Gänse. Sie machten nicht einmal den Versuch."

Verstehen Sie? Vom Hören und Reden über den Willen Gottes ändert sich noch nichts. Der Wille übt sich in der Tat.

Anders gesagt: Um eben diese Kraft aus dem christlichen Glauben heraus zu erfahren, muss ich mich auf Jesus Christus einlassen, ihm vertrauen, auf seine Worte hören und versuchen, sie zu tun. Dabei muss ich mir nur folgende Tatsachen vor Augen halten: Wenn ich den großen oder kleinen Herren dieser Welt nachlaufe, dann kann es mir gewaltige Vorteile bringen. Nicht umsonst heißt es: „Beziehungen sind alles" – auch Vitamin B genannt.

Gerade in unserer Leistungsgesellschaft scheinen die Verbindungen von unten nach oben häufig noch wichtiger als das liebe Geld zu sein, um auf den Treppen des Erfolges und der Ehre emporzusteigen.

Oder wollen Sie dem einfachen Mann aus Nazareth nachlaufen?

Der Philosoph Martin Heidegger hat einmal gesagt: „Ist Jesus von Nazareth von den Toten auferstanden, dann ist jede naturwissenschaftliche Erkenntnis vorletztlich."

Über diese Aussage muss man mal nachdenken: Ist Jesus von den Toten auferstanden, dann ist alles, was wir denken, immer noch in Frage gestellt von ihm. Ist Jesus Christus am Kreuz gestorben, um damit die Frage nach der Schuld zu lösen, dann sind alle Schuldfragen nur an einer einzigen Stelle auf dieser Welt zu begreifen: auf Golgatha.

Ist Jesus Christus gen Himmel gefahren – d. h. in die unsichtbare Welt Gottes zurückgetreten, dann sind wir nie mehr unter uns. Dann kann man kein Erlebnis mehr haben ohne ihn, denn er ist dabei. Egal, ob Sie jemanden küssen oder Ihre Einkommenssteuererklärung ausfüllen oder ein Auto kaufen. Er ist da. Selbst wenn wir auf dem Mars landen würden, dann wäre er auch schon da. Und wenn wir sterben, ist er auch da. Wenn das stimmt – und ich bin überzeugt davon, dass es stimmt – , dann ist der gesamte Kosmos von seiner Macht durchzogen. Für mich ist das atemberaubend. Dann gilt auch all das andere, was von ihm gesagt ist. Dann haben wir noch einiges vor uns. Und für mich sind das nicht nur Fragen, sondern darin stecken die großartigen Zusagen Gottes für unsere Zukunft.

In diesem Zusammenhang muss auch mit bedacht werden, dass ein Leben in der Nachfolge Jesu zugleich auch bedeutet, dem Mann zu folgen, der nicht nur der wahre Herr der Welt ist und die ganze Menschheitsgeschichte in seiner Hand hält, sondern der auch der Welterlöser und der Weltenrichter ist.

Das heißt: Jesus Christus wird am Ende unserer Weltzeit – dann, wenn Gott es will – wiederkommen und diese Welt erlösen und richten. In der Bibel wird uns zwar nicht genau gesagt, wann Jesus wiederkommen wird, aber es wird ganz unmissverständlich klar gemacht, dass dieser Tag kommt. Dieses Gericht wird kein Spiel sein.

Ich erinnere mich an ein Gespräch mit einem jungen Mann. Er sagte mir, wenn er eines Tages vor Gott stehen würde, dann werde er Gott erst einmal sagen, was dieser alles falsch gemacht habe. Ich glaube nicht, dass wir Menschen eines Tages Gott zur Rechenschaft ziehen werden. Aber Gott wird uns fragen, was wir mit dem von ihm erhaltenen Leben gemacht haben. Damit wir uns nicht falsch verstehen: Es geht nicht darum, hier irgendeinem Angst zu machen.

Außerdem hat Jesus nicht gesagt: Tut Buße, sonst kommt ihr in die Hölle, sondern: „Tut Buße, denn das Himmelreich – und damit hat er sich gemeint – ist nahe herbeigekommen". Das ist der Grund der Umkehr zu Gott. Ein freudiger Anlaß. Aber ein Anlass, der darauf hinweist, dass unser Leben auf Ewigkeit angelegt ist und Gott will, dass wir dieses Ziel erreichen. Wie wir leben sollen, erfahren wir aus der Bibel. Daraus hören wir auch, wie gut es Jesus mit uns meint, und was er uns im Namen Gottes für unsere Lebensgestaltung empfiehlt. Und wenn ich in unseren Tagen manchmal sehe, wie wir Menschen miteinander umgehen, dann finde ich, wir brauchen nichts nötiger als die Orientierung nach den guten Geboten Gottes.

Drei Beispiele: Vor einiger Zeit las ich in der Fernsehzeitschrift „Hör zu" von der Verhaltensforscherin Professorin Elisabeth Nölle-Neumann über die immer größer werdende Kluft zwischen Eltern und ihren Kindern. „Die Sozialforschung kann belegen", sagt sie, „ dass Menschen, die eine große Distanz zu ihren Eltern haben, nicht glücklich werden. Ich muss sagen, es schneidet mir ins Herz, wenn ich das große Unglück sehe, das es bei uns zwischen Eltern und Kindern gibt. Wieviele Ängste, wieviel Feindseligkeit und Traurigkeit haben ihre Ursprünge zwischen Eltern und Kindern." Schließlich sagt Elisabeth Nölle-Neumann: „Egal, wie groß der Kummer ist, den man mit Vater und Mutter hat, es ist ein elementares menschliches Gebot, dass wir die achten und ehren, die uns in die Welt gesetzt haben. Jede Gesellschaft, die dieses Gebot missachtet, zerstört ihre eigenen Wurzeln."

Oder denken Sie an das andere Gebot Gottes: *„Du sollst kein falsches Zeugnis reden."* Wenn wir uns in unseren Beziehungen daran halten, braucht keiner Angst zu haben, dass der andere ihn hinter seinem Rücken schlecht macht.

Oder nehmen wir das Gebot: *„Du sollst nicht stehlen"*. Wieviel Geld müssen wir für Sicherheitsmaßnahmen ausgeben, weil so viel gestohlen wird!

Wenn wir dagegen ein Leben in der Nachfolge Jesu führen, dann wird uns in der Bibel versichert, wie gut das für uns ist, denn dieser Jesus Christus ändert sich nicht. Er ist einer, der nicht kommt und dann doch wieder geht. Er ist einer, der bleibt, bei dem wir bleiben können. Ich wage zu behaupten: Er ist der einzig Zuverlässige in dieser Welt. Wir alle sind wohl schon in unserem Leben von Mitmenschen enttäuscht worden, und wir alle haben wohl auch schon selbst andere Menschen enttäuscht. Doch Jesus Christus täuscht keinen Menschen. Auf sein Wort ist Verlass. Das hat er unterstrichen durch seinen Tod am Kreuz von Golgatha. Dort ist er im Auftrag Gottes für unsere Schuld gestorben, damit wir Gottes Liebe zu uns deutlich erkennen und ein anderes Leben beginnen können, ein Leben, dass davon geprägt ist, dass Gott uns vergeben hat.

Eine alte Geschichte erzählt: Ein Kapitän, der sich in seinem Leben nicht viel um Gott gekümmert hatte, wurde auf See todkrank. Er fürchtete sich vor dem Sterben und fragte, ob nicht jemand auf dem Schiff mit ihm beten könne. So wurde der Schiffsjunge, der als Frommer galt, zu ihm gerufen. „Soll ich euch etwas aus der Bibel vorlesen?", fragte der Schiffsjunge. Der Todkranke bejahte mit einer Kopfbewegung. Da schlug der Schiffsjunge Peter Jensen (so hieß er), seine Bibel auf und las aus dem prophetischen Buch Jesaja, Kapitel 53, die Weissagung auf Jesus Christus. Als er an die Stelle kam: „Fürwahr, er trug unsere Krankheit", fragte er den Kapitän: „Darf ich sie so lesen, wie meine Mutter es mich gelehrt hat?" Der Kapitän nickte und der Junge las: „Fürwahr er trug Peter Jensens Krankheit und lud auf sich Peter Jensens Schmerzen. Er ist um Peter Jensens willen verwundet... Die Strafe liegt auf ihm, auf dass Peter Jensen Frieden hätte, und durch seine Wunden ist Peter Jensen geheilt."

Ich weiß nicht, wie der Kapitän darauf reagiert hat, aber verstehen Sie? Ich muss meinen eigenen Namen einfügen. Wer das für sich akzeptiert und sich darauf mit seinem Leben einlässt, macht die Erfahrung, dass er eine neue Basis unter die Füße bekommt und das nicht nur für diese irdische Zeit, sondern der Eintritt in die Nachfolge Jesu ist der Beginn des Weges in die über den Tod hinausreichende Gemeinschaft mit Gott, in die Welt, in der es noch viel schöner sein wird, als es in unserer jetzigen schon mancherorts und manchmal ist. Von dieser Welt hat der Apostel Paulus geschrieben. *„Was kein Auge gesehen und kein Ohr gehört hat und in keines Menschen Herz gekommen ist, was aber Gott bereitet hat, denen, die ihn lieben"* (1. Korinther 2,9).

Nun gehört aber zu dieser Grundlage noch ein Zweites hinzu. Und wenn ich das nicht berücksichtige, gleite ich auf dieser Basis leicht aus. Darum ermahnt der Schreiber des Hebräerbriefes: *„Laßt euch nicht durch mancherlei und fremde Lehren umtreiben."*

Ich muss mir demnach auch darüber im Klaren sein: Wenn ich das Angebot des Evangeliums angenommen habe, besteht permanent die Gefahr, dass fremde Lehren mich von diesem Wege abbringen wollen. Jesus selbst hat auf diese Gefahr hingewiesen. Jesus ist eben ein Herr, der uns nichts vorgaukelt, der uns nicht in einem Parteiprogramm alles verspricht und nachher kaum etwas hält, der uns das Paradies verspricht und uns nachher die Hölle bringt. Jesus selbst spricht von falschen Lehren, die uns verführen wollen, und er sagt: „Diese Verführer laufen in Schafspelzen umher, sind aber reißende Wölfe". Konkret ohne Bild gesagt: Wir hören in unseren Tagen z. B., dass Jesus nicht auferstanden sei und dass deshalb auch keine Auferstehung der Toten gäbe.

Wenn es keine Auferstehung der Toten gibt, dann ist natürlich auch das Lebensziel des Christen, das vollendete, ewige Leben, eben nur noch ein Trugbild. Wenn es keine Auferstehung gibt, dann ist der ganze christliche Glaube mit einem Schlag seiner Hoffnung entleert.

Für mich persönlich wäre der Glaube an Jesus dann uninteressant, wenn es so wäre. Aber in der Bibel wird vielfach bezeugt: Es gibt eine Auferstehung der Toten. Und diese Hoffnung auf Gottes neue Welt, *in der er abwischen wird alle Tränen von unseren Augen und der Tod nicht mehr sein wird, noch Leid, noch Geschrei, noch Schmerz mehr sein wird* (Offenbarung 21,4) – diese Hoffnung will ich mir von keinem nehmen lassen. Ihre Erfüllung ist das Ziel meines Lebens. Und die Zeugen der Bibel beschreiben dieses Ziel in herrlichen Bildern. Christian Morgenstern hat gesagt: „Wer Gott aufgibt, der löscht die Sonne aus, um mit einer Laterne weiterzuwandern."

Und es gibt zum Beispiel in unseren Tagen auch die Meinung, die besagt, das Gebet sei nur ein Selbstgespräch. Es wird zwar dann von einem nützlichen Selbstgespräch geredet, so versichern es uns manche Psychologen, aber wenn ich nicht mehr genau weiß, dass meine Gebete tatsächlich von Gott gehört und erhört werden, warum soll ich dann noch beten? Dann käme ich mir in dieser Welt doch vor wie ein Schiff ohne Steuer, wenn es so wäre.

Vor einigen Jahren war ein junger Mann bei der Bundeswehr zu einer Übung. Er wäre lieber zu Hause geblieben, weil er gerade Vater geworden war. Als Christ betete er: „Gott gib mir Kraft für diese Zeit bei der Bundeswehr und lass mich die Trennung von zu Hause gut überbrücken." Als er dann bei einer Übung mit anderen zusammen durch ein Tannenwäldchen robben musste, entdeckte er plötzlich in Augenhöhe einen Luftballon. An diesem Luftballon hing ein Kärtchen, auf dem stand: „Mutig mit Jesus voran." Woher ich das weiß? Das hat dieser junge Mann uns geschrieben. Es war der Luftballon meiner Tochter Corinna, die ihn 100 km entfernt bei einem CVJM-Jungschartag hochgeschickt hatte. Gott arbeitet nicht immer mit Luftballons, aber er erhört Gebet.

Und es gibt die Auffassung, dass die Bibel ein Buch sei wie jedes andere. Wenn ich auf diese Aussage rein gefühlsmäßig antworten sollte, dann würde ich sagen: „Was für eine unsinnige Meinung!" Die Bibel ist das meistgedruckte und das meistverkaufte Buch der Welt. Das ist doch kein Zufall. Das spricht doch dafür, dass sie zumindest ein Buch ist, dass über allen anderen Büchern steht. Ich könnte natürlich jetzt

Bibelstellen zitieren, die darauf hinweisen, dass die Bibel Gottes geoffenbartes Wort an alle Menschen ist, aber ich weiß aus vielen Gesprächen, dass dieser Hinweis nicht jedem Menschen nachdenkenswert erscheint. Deshalb will ich ein Beispiel aus dem Leben anführen:

Wenn ich miterlebe, wie der Tod ohne Rücksicht auf Verluste zuschlägt, wenn ich dann darüber – wie man richtig sagt – zu Tode erschrocken bin, so wie ich es vor etlichen Jahren erlebt habe, als unsere ersten Kinder, unsere Zwillinge, innerhalb von drei Wochen nach der Geburt starben, dann greife ich doch nicht zu einem Kriminalroman von Agatha Christie und erwarte auch keine Hilfe von der allabendlichen Krankenhausserie im Fernsehen. Die können mir dann nicht helfen. Dann greife ich zur Bibel. Und wenn ich mich in der Bibel auskenne, dann greife ich zum Beispiel zu einem der Psalmen. Das haben neben und vor mir schon Millionen von Menschen getan und sind wie ich getröstet worden. Das macht kein anderes Buch der Bibel nach. Todesfälle sind Testfälle für die Echtheit des Glaubens. Es kommt also nicht darauf an, dass ich irgendeinen Glauben habe, sondern einen Glauben, mit dem ich leben kann, auch wenn es dunkel wird. Einen Glauben, auf den ich dann auch sterben kann. Angesichts einer Krise erweist sich der christliche Glaube als das, was er wirklich ist.

Die Grenzen meines Lebens sind für die Erkenntnis, ob ich die richtige Basis habe oder nicht, ein ganz fruchtbarer Ort.

Wenn ich heute einen Glauben zum Leben und zum Sterben brauche, dann erfrage ich nicht Tante Ernas Rat aus einer Illustrierten, ich lese auch kein Horoskop, und auch mein Hobby oder mein Sparkonto geben mir keinen Halt mehr. Das hilft mir dann alles nicht mehr weiter. Es gibt so viele falsche Lehren in dieser Welt. Ich konnte eben nur drei aufzählen.

Lassen Sie uns bitte immer alles überprüfen, was wir hören.

Lassen Sie uns aber auch in dem Glauben bleiben, der in der Bibel bezeugt wird. Halten wir uns an das, was Jesus Christus sagt.

Ich will es abschließend in einem Bild sagen. Matthias Claudius hat gesagt: „Etwas Festes braucht der Mensch, wo er vor Anker gehen kann." Jedes Schiff hat einen Anker. Wenn dieser ausgeworfen wird, dann gräbt er sich in den Meeresboden ein. Je mehr der Wind an dem Schiff zerrt, je tiefer gräbt der Anker sich in den Grund. Der Glaube an Jesus ist so wie ein Anker. Wenn wir ihn auswerfen, gräbt er sich fest ein. „Wenn nichts mehr bleibt von Ruhm und Geld, wenn Sprüche machen nicht mehr zählt..." (Manfred Siebald), dann hält nur noch dieser Anker. Nur dürfen wir nicht das Ankertau kappen. Wir müssen schon treu zu Jesus Christus stehen, auch wenn es manchmal nicht leicht ist und manches dagegen zu sprechen scheint. Aber Jesus Christus bleibt gestern und heute derselbe und in Ewigkeit. Er bleibt uns treu. Er lässt uns nicht im Stich.

In Kopenhagen befindet sich die Statue des „segnenden Christus" von Thorvaldsen. Zunächst ist man enttäuscht über die geschlossenen Augen dieser Figur, aber wenn man näher tritt und sich bückt und dann aufschaut, dann sieht man auf einmal die geöffneten Augen dieses Christus.

Verstehen Sie? Es geht darum, dass ich nah an Jesus herantrete und aufschaue zu ihm, denn dann kann ich entdecken und erfahren, dass er lebt und mich tatsächlich hört und sieht – auch heute, in jeder Lebenslage – und mir hilft.

Gott – ich möchte nicht mehr einsam sein

In einer Zeitung (FAZ) war zu lesen: Einem 25-jährigen Autofahrer ging auf einer der langen Autobahnen in den USA das Benzin aus. Der Mann fuhr auf den Parkstreifen und machte vorbeifahrenden Autofahrern Stoppzeichen. Nach elf Stunden hatte immer noch keiner der vorbeifahrenden Wagen gehalten. Weitere Stunden später fand die Polizei einen Toten. Der junge Mann hatte sich erschossen. Neben sich hatte er einen Zettel gelegt, auf dem unter anderem stand. „Ich halte die Kälte nicht mehr aus. Und sie fahren immer noch vorüber."

Diese Geschichte ist typisch. Nicht nur typisch für die Verhältnisse in den USA, auch typisch für die Bundesrepublik Deutschland. In Deutschland leben über 80 Millionen Menschen dicht beieinander. Nicht nur in den Hochhäusern, sondern auch in den Verkehrsmitteln kann man es an jedem Morgen und Abend erleben: Menschen – und noch einmal Menschen. Und doch gibt es viele Einsame. Darum lade ich Sie jetzt ein, über meine Behauptung nachzudenken: Kein Mensch muss einsam sein. Der Dichter Hermann Hesse hat es anders gesagt:

„Seltsam, im Nebel zu wandern.
Leben ist: einsam sein.
Kein Mensch kennt den andern.
Jeder ist allein."

Nun ist aber einsam sein und allein sein nicht dasselbe! Es gibt Menschen, die zwar allein sind, aber deshalb noch längst nicht einsam. Und es gibt andere, die immer mittendrin sind im großen Menschenhaufen und die trotzdem einsam sind. In dem Stück des Philosophen Jean Paul Satre „Tote ohne Begräbnis" werden wir Zeugen eines Gesprächs, das mehrere zum Tode Verurteilte vor der Hinrichtung führen. Dabei macht einer die Bemerkung: „Ich wäre so gerne für jemand nicht überflüssig gewesen."

In diesem Satz spiegelt sich etwas wider von der Ungeborgenheit vieler Menschen. Das Lebensgefühl des Überzähligseins kann mich ganz plötzlich überfallen. Auf dem überfüllten Bahnsteig ebenso wie bei einer Massenveranstaltung. Es kann mich auch in den eigenen vier Wänden überfallen, wenn ich ganz allein bin. Wer fragt schon nach mir? Einige wenige Angehörige werden mich vermissen, wenn ich ausfalle. Vielleicht nur ein paar Bekannte. Vielleicht auch keiner. Ich werde aus der Personalkartei gestrichen. Das Leben geht weiter.

Ich werde einen Freund nicht vergessen, den ich bewunderte, weil er überall auf Feiern eingeladen wurde, um für die rechte Stimmung zu sorgen, und der mir dann eines Tages anvertraute: „Die anderen wollen mich zwar als Stimmungsmacher haben, aber mich selbst wollen sie nicht. Keiner nimmt mich wirklich ernst. Kein Mädchen will meine Frau werden. Ich bin völlig einsam."

Er war überall dabei, aber er war im tiefsten Innersten einsam. Er war seelisch nicht intakt. Ein einsamer Mensch ist deshalb ein kranker Mensch. Wohlverstanden, nicht jeder Kranke ist einsam. Aber ein körperlich gesunder Mensch muss seelisch noch längst nicht intakt sein. Und etliche körperlich Kranke sind

tatsächlich – zu allem Überfluss, möchte ich sagen –
auch noch sehr einsam. Zu diesem angesprochenen
Problemkreis hören wir eine Geschichte aus dem
Neuen Testament. Der Evangelienschreiber Johannes
erzählt sie im 5. Kapitel des Evangeliums in den Versen 1 bis 16:

*„Danach war ein Fest der Juden, und Jesus zog hi-
nauf nach Jerusalem. Es ist aber in Jerusalem beim
Schaftor ein Teich, der heißt auf hebräisch Betesda.
Dort sind fünf Hallen; in denen lagen viele Kranke,
Blinde, Lahme, Ausgezehrte.*
*Es war aber dort ein Mensch, der lag achtunddrei-
ßig Jahre krank. Als Jesus den liegen sah und ver-
nahm, dass er schon so lange gelegen hatte, spricht
er zu ihm: Willst du gesund werden? Der Kranke
antwortete ihm: Herr, ich habe keinen Menschen,
der mich in den Teich bringt, wenn das Wasser sich
bewegt; wenn ich aber hinkomme, so steigt ein anderer vor mir hinein. Jesus spricht zu ihm: Steh auf,
nimm dein Bett und geh hin! Und sogleich wurde
der Mensch gesund und nahm sein Bett und ging
hin. Es war aber an dem Tag Sabbat. Da sprachen
die Juden zu dem, der gesund geworden war: Es
ist heute Sabbat; du darfst dein Bett nicht tragen.
Er antwortete ihnen: Der mich gesund gemacht hat,
sprach zu mir: Nimm dein Bett und geh hin! Da
fragten sie ihn: Wer ist der Mensch, der zu dir gesagt
hat: Nimm dein Bett und geh hin? Der aber gesund
geworden war, wusste nicht, wer es war; denn
Jesus war entwichen, da so viel Volk an dem Ort
war. Danach fand ihn Jesus im Tempel und sprach
zu ihm: Siehe, du bist gesund geworden; sündige
hinfort nicht mehr, dass dir nicht etwas Schlimme-
res widerfahre. Der Mensch ging hin und berich-*

tete den Juden, es sei Jesus, der ihn gesund gemacht habe. Darum verfolgten die Juden Jesus, weil er dies am Sabbat getan hatte."

Hier in diesem Bericht begegnet uns ein kranker Mann. Welche Störung liegt vor? Vermutlich ist er gelähmt. Was bedeutet es, 38 Jahre krank zu sein? Ich denke an einen 48-jährigen Mann, der durch einen schweren Unfall von heute auf morgen aus der Bahn geworfen wurde und dem dann, als er wieder mühsam versuchte, die ersten Schritte zu gehen, die Kinder hinterherriefen: „Opa!" Ich weiß, wie schwer diesem Mann das fiel, über Nacht so auf die Seite gestellt zu sein. Aber 38 Jahre! Das bedeutete doch wohl für diesen Kranken: festgelegt sein für ein ganzes Leben, trostlos, verzweifelt sein.

Er hat niemanden, der ihm hilfreich zur Seite steht. Der Lahme war zwar nicht allein, aber dennoch völlig einsam. Obwohl die Kranken und die Gesunden um ihn herum ihn bedrängten, war er einsam. Denn die anderen waren seine Konkurrenten. Was war für diesen Mann härter zu ertragen: seine Krankheit oder die Einsamkeit zwischen den vielen Mitleidenden? Es bedarf einiger Anstrengung, um sich das nur annähernd vorstellen zu können: Hier ist ein Mensch, der bereits 38 Jahre im Elend steckt. Zur körperlichen Not kommt noch die Resignation hinzu, die ihn kaum noch hoffen lässt.

Ohne auf Jesu Frage einzugehen, schreit er seine ganze Not heraus: „Ich habe keinen Menschen." Ich denke, heutzutage sind in unserem Land nur relativ wenige Menschen allein. Aber viele sind einsam. Ehepartner sind einsam, obwohl sie Tag und Nacht zusammen sind. Eltern und Kinder sind einsam, obwohl das Familienleben rein formal in Ordnung scheint.

Was wissen denn manche Eltern, wie gefährdet ihre Kinder sind, obwohl sie äußerlich gar nichts Auffallendes tun. Und was wissen manche erwachsene Kinder, wie verlassen sich ihre alten Eltern fühlen, auch wenn sie es nicht zum Ausdruck bringen. Wir wissen so wenig voneinander. Darum gibt es so wenig Vertrauen und so viel Misstrauen.

Doch Einsamkeit muss nicht nur Not sein, sondern kann auch persönliche Schuld bedeuten, wo ich zwar selbst reden, aber nicht hören will, wo ich zwar haben, aber nicht geben will, wo ich zwar frei sein will, aber auf Kosten anderer, wo ich weggehe, obwohl ich bleiben sollte, weil ich gebraucht werde.

Der Psychotherapeut Reinhold Ruthe sagt: „Wer nur auf seine persönlichen Wünsche fixiert ist, kann keine guten Beziehungen zu anderen Menschen anknüpfen. Die ausschließliche Konzentration auf die eigenen Bedürfnisse blockiert den Blick für andere, für die Liebe, für die wirkliche Lebenserfüllung. Dieses egozentrische Streben führt direkt in die Einsamkeit, die Isolation."

Überall dort, wo ich mich durch mein falsches Handeln am anderen schuldig mache, stoße ich die Tür zu meiner Einsamkeit auf oder zur Einsamkeit des anderen. Und wenn wir dann erst einmal einsam sind, lauern die vielfältigen Verführer vor unserer Tür. Verführer sind häufig die, die uns manchmal – wenn Sie Werbefernsehen sehen, wissen Sie das – als Problemlöser angeboten werden. Manche Schuld hat ihren Ursprung in der Einsamkeit eines Menschenherzens: Da hängt man sich an irgendeinen und wird nur noch einsamer. Da macht man bei irgendeiner Sache mit und fühlt sich nachher noch leerer und verlassener als vorher.

Achten Sie einmal darauf: Mancher erlebt gerade

beim feucht-fröhlichen und lauten Zusammensein mit anderen seine einsamsten Augenblicke. Doch Gott – unser Schöpfer – will unsere Einsamkeit nicht. Er hat gesagt – und das gilt nicht nur für die Ehe: „Es ist nicht gut, dass der Mensch allein sei." Gott hat uns auf doppelte Partnerschaft angelegt: mit ihm und mit unseren Mitmenschen.

Nun schreit der hier am Teich Bethesda: „Ich habe keinen Menschen." Was macht Jesus mit ihm? Wir haben gehört: „Als Jesus ihn liegen sah…" Die anderen gehen jeden Tag an dem Kranken vorüber, drängen ihn weg, stoßen ihn zur Seite.

Vor etlichen Jahren erlebte ich es auf einer Reise nach Marokko in einer Begegnung mit einigen Bettlern, wie die starken und kräftigen Bettler die kranken und schwachen beiseite schubsten und schlugen, als wir von der Reisegruppe allen ein klein wenig Geld geben wollten. Und ein älterer Mann erzählte mir einmal: „Wenn es in der Kriegsgefangenschaft um eine Scheibe Brot ging, hörte die Kameradschaft auf. Dann wurde fast jeder des Nächsten Wolf."

Das ist eine Not, die überall in unserer Welt zu finden ist; denn wenn es wirklich ums Überleben geht oder wenn man meint, dass es ums Überleben geht, dann regiert häufig der nackte Egoismus. Es gibt viele „Teiche" in dieser Welt – oft mitten im Wohlstand –, an denen körperlich und seelisch Leidende auf Hilfe warten, an denen sie zwischen Hoffnung und Enttäuschung hin- und hergerissen werden. Dabei denke ich jetzt nicht nur an Krankenhäuser und Kurorte, sondern auch an ganz normale Stätten der Begegnung. Man kann sogar in einer christlichen Gemeinde dabeisein und sich trotzdem einsam fühlen.

Wenn in der Bundesrepublik Deutschland fast jedes Jahr noch mehr Menschen durch Selbsttötung sterben als durch Verkehrsunfälle, nämlich über 13 000, dann spricht das für sich. Drei Viertel aller Menschen, die so aus dem Leben scheiden, so hat man herausgefunden, hatten vorher einen Arzt aufgesucht. Doch es gibt in unserem Land noch zu wenig Ärzte, die auch genügend Zeit haben, sich um die seelisch Kranken zu kümmern.

Und handele ich wirklich anders als die Kranken gegenüber dem Gelähmten am Teich Bethesda? Sie hätten ihm helfen können, bevor Jesus kam. Aber – es gibt auch Zustände in dieser Welt, wo Menschen und deren Mittel nicht mehr allein richtig helfen können, nämlich da, wo es um letzte und tiefste Verlassenheit geht. Jesus weiß, dass darin die eigentliche Not des menschlichen Leben zu suchen ist. Jesu Hilfe besteht darum zuerst einmal darin, dass der Kranke den Teufelskreis der Isolation durchbricht.

Wie macht Jesus das?

Jesus, der zum religiösen Fest nach Jerusalem gekommen ist, meidet nicht wie viele tausend Pilger den Ort des Elends. Jesus sucht die hoffnungslosen Fälle. Während die andern feiern, ist er im Trauerhaus der Kranken und Dahinsiechenden. Trotz vieler Kranker sieht Jesus den einen, dessen Heilung – jetzt oder nie! – geschehen muss. Trotz äußerer Krankheit bei dem Gelähmten erkennt Jesus bei ihm einen tieferen seelischen Schaden, denn er ermahnt ihn nachher im Tempel: „Siehe, du bist gesund geworden. Sündige hinfort nicht mehr, dass dir nichts Ärgeres widerfahre." Bei diesem Mann war demnach die Lähmung Folge einer Sünde. Krankheit kann tatsächlich das Ergebnis einer Sünde sein. Zum Beispiel eines jahrelangen falschen Lebensstils, wie viele neuzeitliche Krankheitsbilder auch wieder beweisen, und nicht selten hat Einsamkeit mit persönlicher Schuld zu tun. Hier in diesem Fall war das so. Oft aber hat das gar nichts miteinander zu tun. Ich betone: Nicht jede Krankheit ist eine Folge einer Sünde!

Hier wird inmitten der Kranken deutlich, dass Jesus anders handelt als alle anderen: Er wendet sich uns zu, sieht uns an, hört uns an. Er sieht uns ins Herz und versteht uns. Bei ihm gibt es auch keine Missverständnisse und falschen Diagnosen. „Willst du gesund werden?", fragt ihn Jesus. In diesem Augenblick ist der Kranke zum ersten Mal allein mit Jesus. Dieses Alleinsein mit Jesus ist notwendig, um von ihm geheilt werden zu können. Daraus kann eine Glaubensverbindung mit ihm entstehen.

Es gibt Menschen, die äußerlich allein zu sein scheinen, doch in Wirklichkeit sich geborgen fühlen und verstanden wissen, weil sie diese Verbindung mit Jesus Christus durch sein Wort und seinen Geist kennen. Das habe ich bei alten Menschen erlebt, die nur noch ihren Wellensittich als Gesprächspartner hatten. Das habe ich aber ebenso schon aus dem Munde sehr Kranker gehört, dass sie die Gemeinschaft mit Jesus Christus nicht mehr missen möchten. Das weiß ich auch von den Bekenntnissen mancher verfolgter Christen in der Welt, dass sie sich auch hinter Gefängnismauern und in Umerziehungslagern nicht allein fühlen, sondern Jesu geistige Nähe deutlich verspüren und einzig und allein von daher ihre Kraft zum Durchhalten nehmen.

Damit ich von Ihnen nicht falsch verstanden werde, habe ich eben ganz bewusst solche Beispiel aus menschlichen Grenzsituationen angeführt. Denn nirgendwo in der Bibel steht, dass Gott uns verheißen hat, dass wir immer ein problemloses, im menschlichen Sinne glückliches Leben haben werden, dass Jesus uns Gesundheit, Schönheit, ein rundum erfülltes Berufsleben oder ein volles Portemonnaie schenkt. Aber es wird in der ganzen Heiligen Schrift die frohe Botschaft laut, in der unmissverständlich gesagt wird, dass Jesus uns neben vielen anderen Dingen auch von unserer Einsamkeit heilt und dass er uns sein zufriedenes, auf Zukunft angelegtes Leben gibt, das eben auch lebbar ist, beispielsweise im Schul- und Alltagsstress oder im Krankenhaus.

Worin besteht nun die „Medizin" dieses Heilandes Jesus Christus? Nicht in irgendwelchen Zaubertricks, nicht in großen Sprüchen, nicht in körperlichen Kraftakten, sondern einzig und allein in seinem Wort, dem Wort Gottes. Hier sagt er zu dem Gelähmten nicht: „Box dich durch, damit du auch ans Wasser kommst!" Das konnte der nicht. Oder: „Trink dir einen, dann vergisst du deinen Kummer!" Nach dem Rausch wäre die Lähmung immer noch dagewesen. Er sagt auch nicht: „Du musst jetzt die Folgen deines Fehlverhaltens tragen; das hast du nun davon."

Nein, Jesus sagt ihm im Auftrag und Namen Gottes – und das heißt in der Vollmacht des Schöpfers und Herrn der Welt: „Stehe auf, nimm dein Bett und geh hin." Das kann und meiner Meinung nach darf so nur der Sohn Gottes sagen, weil er allein weiß, wen Gott heilen und wie Gott einem Menschen helfen will. Die Macht Jesu besteht in dem Wort Gottes, von dem es im 107. Psalm des Alten Testamentes heißt: „Er sandte sein Wort und machte sie gesund und rettete sie, dass sie nicht starben."

Diese „Medizin" Jesu spricht aber nur dann an, wenn ich diesem seinem Wort ganz persönlich Vertrauen schenke. Der Lahme konnte nur erfahren, dass Jesus ihm tatsächlich helfen kann, weil er sich bemühte, aufzustehen. Und er musste losgehen, um zu spüren, dass ihn Jesus wirklich durch sein Wort heil gemacht hat. Wenn wir diesem Wort Gottes kein Vertrauen schenken, erfahren wir auch nicht das, was im 33. Psalm in einem Lied gesungen wird: „Gottes Wort ist wahrhaftig, und was er zusagt, das hält er gewiss."

Für den Lahmen am Teich Bethesda war das keine Frage. Natürlich wollte er gesund werden. Natürlich wollte er aus diesem Zustand körperlicher und seelischer Not heraus. Und wenn es am hochheiligen Sabbat sein musste und er sich dadurch noch Scherereien mit den Frommen einhandelte.

Wenn Sie gesund werden wollen – und damit meine ich jetzt im übertragenen Sinne: wenn Sie wieder in Kontakt kommen wollen mit Gott und auch richtig mit anderen Menschen, dann müssen Sie sich zunächst auch erst einmal als ein Mensch erkennen, der in dieser Hinsicht krank ist. Jesus hat einmal gesagt: „Die Starken bedürfen des Arztes nicht, sondern die Kranken. Ich bin gekommen, die Sünder zu rufen, und nicht die Gerechten."

Vielleicht wissen Sie, dass Sie nicht im Takt mit Gott sind, weil Sie von Gott und Ihren Mitmenschen letztlich nichts wissen wollen. Oder weil Sie Ihre Einsamkeit verspüren, weil Sie aus dem Grund ganz bewusst nicht die Gemeinschaft mit anderen Menschen suchen, nicht aus Ihrer Ichbezogenheit heraustreten.

Wenn Sie um diese Probleme wissen, müssen Sie nur wieder auf Gott zugehen und dann das tun, was Jesus Ihnen empfiehlt; denn er ist der Weg zu Gott. Und nur er kann uns sagen, was für uns richtig ist. Wenn Sie sich auf Jesus einlassen, erfahren Sie die Kraft dieses Wortes wie der Gelähmte am Teich Bethesda, entdecken Sie auch, dass er tatsächlich für Sie da ist und dass er Ihnen aus Ihrer Einsamkeit heraushelfen kann. Wagen Sie mit ihm den ersten Schritt aus Ihrer Einsamkeit heraus.

Wenn einer den Weg weiß ...

Ein Politiker unserer Tage wurde gefragt: „Was halten Sie von dem Satz: Wer die Jugend hat, der hat die Zukunft." Seine Antwort lautete: „Die Zukunft der Jugend ist – das Alter." Mir reicht diese Antwort nicht. Und ich frage weiter: Was ist denn die Zukunft des Alters?

Der sowjetische Diktator Stalin hat sicher im Namen vieler gesprochen, als er sagte: „Am Ende gewinnt immer der Tod." Diese Antwort wird auch bei der Werbung für manche Produkte gegeben. Da heißt es dann sinngemäß: „Du musst mit allen Mitteln jung bleiben, gesund bleiben, vital und stark. Deshalb musst du nur dieses oder jenes kaufen. Nur dann geht es dir gut. Nur dann ist das Leben lebenswert. Nur dann kannst du glücklich sein." Von diesen Aussagen lassen sich viele gefangennehmen. Dementsprechend denken sie, handeln sie, kaufen sie. Wenn der Tod am Ende gewinnt, dann ist eine solche Lebensweise richtig. Dann muss es wirklich heißen: „Lasst uns essen und trinken, denn morgen sind wir tot."

Dann ist nur noch zu fragen: Was machen die, die nicht jung bleiben? Die nicht gesund sind? Die nicht stark sind? Die Probleme haben, mit denen sie nicht fertig werden? Das soll es ja geben. Wie können diese Menschen leben? Woran können sie sich halten? Ich weiß: Wer nichts zu hoffen hat, muss aufgeben. Wer nicht hofft, lebt eigentlich nicht richtig. Ich kann es auch mit dem Theologen Eberhard Jüngel sagen: „Wer nicht leben kann, kann auch nicht sterben. Und wer nicht sterben kann, kann auch nicht leben."

Darum lade ich Sie jetzt ein, mit mir über biblische Worte nachzudenken, Worte, die meines Erachtens zeigen, wie man leben kann. Und diese Worte stehen im prophetischen Buch Jesaja, Kapitel 35, die Verse 3 bis 10. Da heißt es:

„Stärket die müden Hände und macht fest die wankenden Knie! Saget den verzagten Herzen: »Seid getrost, fürchtet euch nicht! Seht, da ist euer Gott! Er kommt zur Rache; Gott, der da vergilt, kommt und wird euch helfen.« Dann werden die Augen der Blinden aufgetan und die Ohren der Tauben geöffnet werden. Dann werden die Lahmen springen wie ein Hirsch, und die Zunge der Stummen wird frohlocken. Denn es werden Wasser in der Wüste hervorbrechen und Ströme im dürren Lande. Und wo es zuvor trocken gewesen ist, sollen Teiche stehen, und wo es dürre gewesen ist, sollen Brunnquellen sein. Wo zuvor die Schakale gelegen haben, soll Gras und Rohr und Schilf stehen. Und es wird dort eine Bahn sein, die der heilige Weg heißen wird. Kein Unreiner darf ihn betreten; nur sie werden auf ihm gehen; auch die Toren dürfen nicht darauf umherirren. Es wird da kein Löwe sein und kein reißendes Tier darauf gehen; sie sind dort nicht zu finden, sondern die Erlösten werden dort gehen. Die Erlösten des HERRN werden wiederkommen und nach Zion kommen mit Jauchzen; ewige Freude wird über ihrem Haupte sein; Freude und Wonne werden sie ergreifen, und Schmerz und Seufzen wird entfliehen."

Mir haben diese Worte gut getan. Diese Worte von den starken Händen und den festen Knien. Dieser Zuspruch: „Seid getrost, fürchtet euch nicht! Seht, da ist euer Gott" (Vers 4). Nicht zu vergessen der Hinweis auf den richtigen Weg in die Zukunft. Ja, am Ziel wird Freude sein, von Schmerz und Seufzen kein Ton mehr. Genau das ist es, was ich mir wünsche. Nicht nur für mich, sondern auch für andere. Was wäre das, wenn die verödete Sahel-Zone in Afrika ein Paradies mit üppiger Fruchtbarkeit würde. Wenn den Hoffnungslosen in den Krisenherden dieser Erde Gott zur Hilfe kommen würde. Ganz zu schweigen von der Heilung aller menschlichen Gebrechen. Was wäre das schön!

Als ich länger über diese Vision einer herrlichen Welt in der Zukunft nachdachte, da wurde mir auf einmal ganz anders zumute. Und mir fiel der Seufzer eines christlichen Liederdichters ein, der Ausspruch: „Eia, wären wir doch da!" Ja, wären wir doch schon da in diesem herrlichen Land. Das hat sich auch Arno Poetzsch gewünscht. In dem Gedicht „Sehnsucht" sagt er:

„Ach, dass der Himmel risse
und du führst selbst herab
und brächst die Finsternisse,
die Schuld, den Tod, das Grab,
all Angst und Not der Erde,
die Schwermut allerwärts
und gäbst, dass Friede werde,
dich selbst in jedes Herz.
Wohl bist du, Gott, gekommen
seit Anbeginn der Welt,
hast Wohnung dir genommen
in deinem Sternenzelt.
Ja, gingst auf unseren Straßen
und hast dich uns zugut,
du Ewger, eingelassen
in unser Fleisch und Blut.
Doch Jahr und Tag aufs Neue
schreit unser Herz nach dir,

braucht deine Huld und Treue
und sucht sie jetzt und hier.
Es hungert, Herr, die Erde
stets nach der Ewigkeit.
Komm, dass dein Friede werde,
Herr, heut in unsre Zeit!"
(Homiletische Monatshefte, 1982/83, Nr. 1)

Noch sind wir nicht in diesem paradiesischem Zustand, den der Prophet angekündigt hat. Noch gibt es die Finsternisse, die Schuld, den Tod und das Grab, nach deren Beseitigung sich Arno Poetzsch sehnt – und nicht nur er.

Aber was erzähle ich Ihnen, das wissen Sie doch selbst. Dazu brauchen Sie morgen gar nicht Ihre Zeitung aufzuschlagen oder die Nachrichten zu hören. Wenn Sie sich im Augenblick nicht gerade besonders wohl fühlen, dann fällt es Ihnen wahrscheinlich nicht schwer, sich meinen Wünschen nach einer besseren Welt anzuschließen.

Beim Lesen dieser biblischen Prophezeiung musste ich aber auch an einige meiner Bekannten denken. Einer von ihnen, ein Mann in mittleren Jahren, ist schon seit seiner Kindheit schwer krank. Oder ich denke an eine Frau, die eine unheilbare Krankheit hat und schon mehr als ein Jahrzehnt an den Rollstuhl gefesselt ist. Und mir fällt der alte, kranke Mann ein, der am liebsten sterben möchte.

Wenn ich mir nur das Leben dieser Bekannten vor Augen halte, dann fällt es mir schwer, so einfach von Trost und Furchtlosigkeit zu reden. Manchen gehen ja solche Worte sehr leicht über die Lippen, manchen religiösen Vertretern, die auf marktschreierische Weise ihren Zeitgenossen eine heile Welt auf Erden versprechen.

Ich jedenfalls sehe diese heile Welt nicht. Und ich

kann sie mir hier auf dieser Erde auch nicht vorstellen. Aber ich sehe etwas anderes, besser gesagt: Ich höre etwas von dieser heilen Welt. Ich höre es heraus aus den Worten des Propheten: „Seht, da ist euer Gott! Er kommt... er kommt und wird euch helfen" (Vers 4). „Und es wird dort eine Bahn sein, die der heilige Weg heißen wird" (Vers 8a). Ich frage: Was heißt das: Er kommt?

Ja, wenn Gott also kommt: Wie kommt er? Und wie schafft er einen Weg für mich? Einen gangbaren Weg?

Keinen Weg haben, keinen Ausweg kennen – diese Situation ist mir bekannt. Das macht tatsächlich die Hände unsicher und lässt die Knie weich werden. Dieses Gefühl kannten die Menschen in Juda auch, die als erste diese Verheißung des Propheten hörten. Sie wussten, was es heißt, ohne Weg und Ziel zu leben. Sie mussten als gesellschaftliche Außenseiter ihr Dasein fristen. In einem kargen, regenarmen Land kämpften sie tagein, tagaus um die nackte Existenz.

Mir geht es in dieser Hinsicht viel besser. Aber für mich ist der richtige Weg auch nicht immer klar erkennbar. Manchmal sehe ich gar nicht weiter. So wie die Juden damals. Hin und wieder kann ich verzweifeln. Allein schon an mir selbst. An ein Ziel ist dann gar nicht zu denken. Kleinste Schritte und Entscheidungen fallen mir schwer. Es geht einfach nicht vorwärts.

Wie anders ist es doch, wenn ein Mensch den Weg weiß. Es ist geradezu erstaunlich, was Menschen zu bewältigen vermögen, solange ein sichtbarer Weg vor ihnen liegt. Dann weichen sie selbst Hindernissen nicht aus. Ein Mensch muss nur wissen: Das ist mein Weg. Er ist es – und kein anderer.

Im prophetischen Buch Jesaja im 35. Kapitel redet einer, der offenbar weiß, was es für Menschen bedeutet, nicht mehr zu wissen, wie es weitergeht. Und dieser Mann wagt es zu sagen: „Gott zeigt uns einen Weg, wo wir keinen mehr sehen". Genau das hat Hedwig von Redern am Anfang des vorigen Jahrhunderts erfahren. Nach dem plötzlichen Tod ihres Vaters und der Verwüstung ihres elterlichen Gutes waren ihre Zukunftspläne vernichtet. Aber dann spürte sie die Nähe und Hilfe Gottes und dichtete:

> „Weiß ich den Weg auch nicht, du weißt ihn wohl,
> das macht die Seele still und friedevoll.
> Ist's doch umsonst, dass ich mich sorgend müh',
> dass ängstlich schlägt das Herz, sei's spät,
> sei's früh."

Knapp zwanzig Jahre später sang Marion von Kloth dieses Lied jeden Abend im Zentralgefängnis von Riga ihren Mitgefangenen vor, bis zum 22. Mai 1919, dem Tag ihrer Erschießung durch die Bolschewiken. Dieses Lied, das in der Aussage gipfelt:

> „Du weißt, woher der Wind so stürmisch weht,
> und du gebietest ihm, kommst nie zu spät;
> drum wart' ich still, dein Wort ist ohne Trug.
> Du weißt den Weg für mich, das ist genug."

So hat es auch der Prophet gesagt: Gott sieht weiter. Er sieht schon längst das Ziel.

Nun können Sie fragen, wenn Sie kritisch sind, wenn Sie Zweifel an Gott haben: „Woher weiß ich, dass der Prophet die Wahrheit sagt? Vielleicht hat er Gott falsch verstanden? Vielleicht sagt er nur seine eigene Meinung? Vielleicht hat er auch nur seine Träume mit der Wirklichkeit verwechselt. Vielleicht hat er das alles auch nur gesagt, weil er nicht länger mit ansehen konnte, wie seine Zeitgenossen litten, weil er ihnen einfach Mut machen wollte, so wie einer am Bett eines Sterbenskranken sagt: ‚Kopf hoch! Es wird schon wieder werden!‘, obwohl er ganz genau weiß, es wird nicht mehr."

Aber klingt der von dem Propheten gezeigte Weg wirklich so unglaublich? Was spricht dagegen, dass er Recht hat? Die Wirklichkeit, das, was ich jetzt vorfinde?

Wenn Sie einem Sklaven zur Zeit des römischen Kaisers Nero gesagt hätte, es würde eines Tages die Staatsform der Demokratie geben – er hätte Sie wahrscheinlich ausgelacht. Und wenn Sie einem Arbeiter im vorigen Jahrhundert nach einem 14-Stunden-Tag prophezeit hätten, seine Kollegen würden heute in unserem Land um die 35-Stunden-Woche kämpfen – er hätte sicher nicht weniger gelacht als der römische Sklave.

Verstehen Sie? Ich muss fragen: Ist nur das in Zukunft möglich, was ich mir vorstellen kann? Wenn ich so frage, dann kann ich erkennen: Es kommt nicht darauf an, was ich für möglich halte, sondern es kommt darauf an, dass ich entdecke, was möglich ist. Darauf antwortet der Prophet: „Gott gibt dir einen Weg unter die Füße, wo du keinen mehr siehst."

Ich kann diesen Weg in Frage stellen. Ich kann lange darüber diskutieren, ob es diesen Weg überhaupt gibt. Ich kann mich aber auch auf diesen Weg einlassen, so wie er in der Bibel beschrieben wird, versuchen, in diese Richtung zu gehn. Darum erinnere ich Sie noch einmal an meine vorhin genannten Bekannten.

Der kranke Mann hat mir einmal sinngemäß gesagt: „Gerade uns Kranken, uns Behinderten gelten die Verheißungen Gottes. Uns hat er seine Nähe besonders zugesagt." Wenn ich den beruflichen Werdegang dieses Mannes verfolge, dann kann ich nur staunen über seinen Weg, seinen Weg mit Gott… wie er heute im Beruf seinen Mann stehen muss, was für eine verantwortliche Aufgabe er hat und auch, wie er sich als Christ in seiner Gemeinde engagiert.

Oder wenn ich an die schwerkranke Frau denke. Ohne ihren Glauben an Jesus wäre sie wahrscheinlich längst verzweifelt. Allein aus diesem Glauben heraus, so sagt sie, wird sie mit ihrer immer mehr fortschreitenden Krankheit fertig, sieht sie immer wieder in allem Leid noch einen Weg.

Und der alte, kranke Mann sehnt sich nach Gottes neuer Welt, in der es keine Tränen, kein Leid, kein Geschrei, keinen Schmerz, ja keinen Tod mehr geben wird. Diese Hoffnung ist es, die ihn nicht verzweifeln lässt. Er sieht eben einen Weg vor sich, auf dem der Tod nicht die unüberwindbare Grenze ist.

Warum sollten sich meine Bekannten in ihrem Leid selbst etwas vormachen? Kein Mensch gibt ihnen etwas dafür. Das heißt jetzt nicht, dass ihre Probleme weg sind. Und ihre Schmerzen werden dadurch auch nicht unbedingt weniger. Und das ist ihnen ja auch gar nicht von Gott versprochen worden. Trotzdem – für meine Bekannten ist die bildreiche Rede des Propheten kein leeres Stroh eines religiösen Fanatikers, sondern einer von vielen biblischen Hinweisen auf Gottes neue Welt. Darauf hoffe ich auch.

Doch noch sind wir unterwegs in dieser Welt. Unterwegs in einer Welt, in der uns vieles trostlos erscheint, in der von Gottes Hilfe oft gar nichts zu sehen ist, zumindest nicht vordergründig, geschweige denn der Weg zu sehen ist, der zur Freude führt. Aus dem Grund bin ich froh, dass ich nicht allein auf diesem Weg bin, dass etliche Menschen ihn schon vor mir gegangen sind und etliche mit mir heute auf demselben Weg unterwegs sind. Mit ihnen allen zusammen glaube ich, dass es keinen besseren Weg gibt. Zu ihnen zählt zum Beispiel Martin Luther King, der amerikanische Bürgerrechtler. Er hat kurz vor seinem Tode gesagt:

„Ich habe einen Traum, dass eines Tages… die Söhne früherer Sklaven und die Söhne früherer Sklavenhalter miteinander am Tisch der Brüderlichkeit sitzen können. Ich habe einen Traum, dass eines Tages… kleine schwarze Jungen und Mädchen kleinen weißen Jungen und Mädchen die Hand reichen als Schwestern und Brüder."

Martin Luther Kings Traum von der Gleichberechtigung der Schwarzen mit den Weißen hat schon etwas Gestalt angenommen. Die Verhältnisse sind für die Schwarzen in den USA besser geworden. Dieser Traum hat aber nur deshalb schon etwas Gestalt angenommen, weil Martin Luther King auch dafür gearbeitet hat. Ohne das geht es nicht.

Kings Traum ist nur einer von vielen. Aber ein Traum, der sich auch auf die prophetischen Bilder aus dem Alten Testament bezieht, auf die Bilder, die für mich am deutlichsten Gestalt gewonnen haben mit dem Kommen Jesu von Nazareth. Jesus hat wie kein anderer die neue Welt Gottes vorgestellt. Gezeigt, was möglich ist. Was noch kommt. Zeichenhaft.

Er hat geängstigte und geknechtete Menschen befreit. Er hat Schuldige im Namen Gottes frei gesprochen. Er hat Hoffnungslosen Mut gemacht. Er hat Kranke geheilt und sogar Tote auferweckt. Und er hat den einen Weg gezeigt. Er hat gesagt, wo es langgeht. Langgeht zu Gott.

Wenn Gott kommt, dann geschieht etwas. Sein Kommen vollzieht sich eben nicht unbemerkt. Es ist eben nicht so, dass er kommt – und es bleibt alles beim Alten. Die Hoffnung darauf hat eine ganz lebendige Unterschrift: das Kreuz von Golgatha und das leere

Grab am Ostermorgen. Da hat Gott die Niederlage der Finsternis, der Schuld, des Todes, ja all der Angst und Not besiegelt. Wo Gott so handschriftlich „A" sagte zu uns Menschen, da wird er auch „B" sagen. Jesus Christus ist Gottes A und B. Er ist die Hoffnung! An diesen Jesus hat auch Martin Luther King geglaubt. Und Martin Luther King ist ja nur einer von vielen, der es gewagt hat, sich auf diesen Weg Gottes einzulassen, der daran geglaubt hat, dass das wahr ist:

„Die Erlösten des Herrn werden wiederkommen und nach Zion kommen mit Jauchzen; ewige Freude wird über ihrem Haupte sein; Freude und Wonne werden sie ergreifen, und Schmerz und Seufzen wird entfliehen" (Vers 10).

Wer so mit Gott rechnet und sich auf den Weg macht, erlebt schon heute Veränderungen. Veränderungen an sich selbst und bei anderen. Nicht, dass dann gleich alles besser wird. Aber ich sehe die Dinge anders. Ich gehe hoffnungsvoller in den Tag. Ich bin nicht mehr allein. Und ich tue etwas. Gott ist für mich da. Er ist bereits gekommen. Das will ich nicht vergessen. Vor allem dann nicht, wenn ich wieder mal nicht weiter weiß. Denn die Worte des Propheten tun mir gut. Sie helfen mir, an Gott zu glauben. Ich wünsche mir, dass ich das bis an mein Lebensende glauben kann: Gott sorgt dafür, dass – jetzt anfangsweise und einmal endgültig – mich Freude ergreift, weil er als mein Gott eingreift.

Wer darauf hofft, dessen Lebenstraum ist nach vorn offen. Der weiß, dass er das Beste noch vor sich hat. Wie sagte der Prophet: „Seht, da ist euer Gott! Er kommt." Diese große Vorfreude macht mir immer wieder Mut zu leben.

ERF

Gute Nachrichten

ERF
E 1 RF

E 2 RF

Fernsehen
E RF

*Hörfunk und
Fernsehen*

*Aus Wetzlar
für Europa*

Evangeliums-Rundfunk

ERF Deutschland e. V., 35573 Wetzlar, www.erf.de